Volkswirthschaftslehre

in gemeinverständlicher Darstellung.

Zweite vermehrte und verbesserte Auflage

von

Gustav Dullo,
Stadtsyndikus a. D.

Berlin 1891.
J. J. Heines Verlag.

Vorwort.

Bei den immer erhöhten Anforderungen, welche die heutige Zeit an die wirthschaftliche Tüchtigkeit des Einzelnen stellt, wird eine weite Verbreitung der Grundbegriffe, von welchen die Volkswirthschaft ausgeht, und der Gesetze, nach denen sie sich entwickelt, immer nothwendiger. Jedermann sollte von der Geschichte der Volkswirthschaft, von den verschiedenen Systemen derselben wenigstens einige Kenntniß haben, über die Produktion und den Umlauf der Güter, so wie über die Umlaufsmittel mindestens etwas Bescheid wissen, in die Lehren von der Vertheilung und dem Konsum der Güter doch einigermaßen eingeweiht sein. Dies Alles kann in gemeinverständlicher Darstellung und möglichst wenig abstrakt auch dem Anfänger klargemacht werden, so daß er befähigt ist, mit dem Wesen der Volkswirthschaft sich vertraut zu machen und den Verlauf der Entwickelung derselben zu verstehen.

Mit der Verbreitung dieser Kenntnisse muß früh begonnen und, wie der königliche Erlaß vom 1. Mai 1889 betont, müssen die einfachen und leicht faßlichen Verhältnisse schon den Kindern in der Volksschule dargeboten werden. Der Staatsministerialbeschluß vom 27. Juli 1889 und die Verfügung des Kultusministeriums vom 18. Oktober 1890 haben den Weg zu dem, in dem königlichen Erlasse gesteckten Ziele geebnet. Wir dürfen also hoffen, daß die Volkswirthschaftslehre zum Unterrichtsgegenstande auch in den Bürger- und Fortbildungsschulen gemacht werden wird, nachdem Paris dieselbe seit Jahren schon in den Ober- und Mittelstufen der Elementarschule eingeführt hat.

Diesem Unterrichtsbedürfnisse zu genügen, dem Lehrer ein Handbuch, dem Schüler ein Lehrbuch, dem Selbstunterrichte ein passendes Hilfsmittel zu geben, ist der Zweck der vorliegenden Schrift. Die zweite Auflage hat im Sinne des königlichen Erlasses unter dem Titel „Staatssozialismus“

(S. 11—27) die Geschichte unserer sozialen und wirthschaftlichen Gesetzgebung von dem Regierungsantritte des großen Kurfürsten bis auf die heutige Zeit hinzugefügt, unter dem Titel „Handelsstatistik" (S. 33—44) den Waarenverkehr der einzelnen Nationen unter einander und die Werthe desselben dargestellt, auch volkswirthschaftliche Schlüsse aus diesem Handelsverkehr gezogen und unter dem Titel „Technologie" (S. 61—112) eine Uebersicht der industriellen Entwickelung gegeben, welche dem künftigen Gewerbtreibenden und Denjenigen erwünscht sein wird, welche die technologischen Fortschritte im Abriß vorfolgen wollen.

Ein Inhalsverzeichniß und ein ausführliches Sachregister wird den Gebrauch des Buches erleichtern.

Berlin, im Januar 1891.

Der Verfasser.

Inhaltsverzeichniß.

Einleitung.

Volkswirthschaft ist die in Einzelwirthschaften gegliederte Gesammtthätigkeit eines Volks, welche die Erzeugung und den Vertrieb von Sachgütern zur Befriedigung menschlicher Bedürfnisse bezweckt. Die Volkswirthschafts**lehre** ermittelt die Regeln, nach welchen diese Thätigkeit erfolgt.

Die Grundlagen der verhältnißmäßig jungen Wissenschaft der Volkswirthschaftslehre bilden die auf diesem Gebiete gemachten Erfahrungen, aus denen die Gesetze derselben festgestellt werden. Das **Alterthum** und das **Mittelalter** beschäftigten sich mit der Volkswirthschaft noch nicht, wenn auch die mit der Finanzwissenschaft zusammenhängenden Theile derselben in der Politik mitbearbeitet wurden. Hieraus gingen später die **ersten Anfänge** der Volkswirthschaftslehre hervor, indem Finanzmänner mit der Frage sich beschäftigten, worin der Reichthum der Völker besteht, welches seine Quellen sind, wie die Vermehrung des Reichthums gefördert und der Minderung desselben entgegen getreten werden kann. Doch geschah dies mehr zur Lösung der Frage, woher der Staat die ihm nothwendigen Mittel zu nehmen hat. Erst später erkannte man die große allgemeine Bedeutung der Volkswirthschaft und wurde sich klar, daß sie die Gründe für die Erscheinungen des Güterlebens überhaupt aufdeckt, daß sie die Wirksamkeit der wirthschaftlichen Betriebe der Privatpersonen, Genossenschaften und Staaten bestimmt und die ganze menschliche Gesellschaft hervorragend beeinflußt. Eingehende wissenschaftliche Behandlung fand die Volkswirthschaft erst gegen das Ende des 16. Jahrhunderts. Volkswirthschaftliche Verhältnisse sind nicht etwa nur für

Gesetzgeber und höhere Verwaltungsbeamte, sondern für Jedermann nützlich, der wissenschaftlich thätig ist und sich Einsicht in die bewegengen Ursachen der Volkswirthschaft verschaffen will.

Grundbegriffe.

Bevor auf diese Entwickelung der Volkswirthschaftslehre näher eingegangen werden kann, ist es nothwendig, einige Grundbegriffe derselben zu erläutern.

Die Güter, mit denen die Volkswirthschaft sich beschäftigt, sind Mittel zur Befriedigung menschlicher Bedürfnisse und entweder innere oder äußere; als innere oder persönliche Güter gelten solche, welche die Person in sich selbst hat, die ihr angeboren oder angeeignet sind, (Körperkraft, Talent); als äußere Güter werden Sachgüter angesehen, die entweder unbeweglich, wie der Erdboden und die mit ihm fest verbundenen Dinge, oder beweglich, wie alle übrigen Sachen sind; zu den Sachgütern werden aber nicht nur körperliche, sondern auch immaterielle Güter gerechnet. Die Güter sind absolut frei, wenn sie, wie Luft und Licht, Niemandes Herrschaft unterliegen, weil sie in unendlicher Fülle vorhanden, oder herrenlos, wenn sie, wie das Wasser und wie ehedem der Erdboden, Wald und Wild, Allen zugänglich bleiben, weil ihre Menge überflüssig ist, oder unfrei, wenn sie, wie alle erworbene Güter, dem Erwerber gehören; doch können auch herrenlose Güter unfrei werden, so z. B. das Wasser, wenn es zum Bedarf nicht ausreicht, also künstlich herbei geschafft werden muß, oder zum Treiben von Mühlrädern dient. Freie und herrenlose Güter eignet man sich durch Okkupation, durch Besitzergreifung an, unfreie Güter erwirbt man durch Produktion, durch Erzeugung. Aus der Produktion entsteht das Produkt nnd zwar durch Anwendung der Produktionsmittel: Arbeit, Erdboden und Kapital; Arbeit ist persönliche Anstrengung zum Zweck der Bedürfnißbefriedigung; der Erdboden ist zu jedem Produkt nothwendig, von ihm rührt mittelbar oder unmittelbar Alles her, was wir brauchen, das Brod und das Fleisch, das wir essen, das Haus, in dem wir wohnen, der

Rock, in den wir uns kleiden; Kapital besteht in bereits vorhandenen und zur Güterbeschaffung wieder benutzten Produkten. Der Zweck der Produktion ist die Konsumtion, der Verbrauch; der Mensch produzirt, um konsumiren zu können, und konsumirt, um produziren zu können. Da jedoch Jeder nur ein Ding oder einige Dinge produzirt, so fehlen ihm vielerlei Dinge, welche er zu seinem Konsum braucht, und von denjenigen Dingen, die er produzirt, hat er zu viel; Jeder muß also die Dinge, welche ihm fehlen, an Stelle derjenigen erwerben, welche er überflüssig hat; die Güter müssen ausgewechselt werden, Feldfrüchte gegen Kleidungsstücke, Geräthe gegen Transport, Unterricht in der Heilkunde gegen Unterricht in der Chemie; dieses wechselseitige Ueberlassen von Produkten ist der Tausch. Aus dem wechselseitigen Austausch von Gütern entwickelt sich der Verkehr, der Umlauf und die Vertheilung der Güter. Jedes Gut, welches zum Austausch bestimmt ist, heißt Waare. Der Raum, auf welchem die Waare in den Verkehr kommt, bildet deren Markt, und dieser Raum kann örtlich begrenzt, aber auch über Länder und weiter ausgedehnt sein, wenn die Waare überall findet, was sie sucht, den Absatz. Das treibende Element auf diesen Absatzgebieten ist die Konkurrenz, der Wetteifer der sich Mitbewerbenden. Das Maß, nach welchem die Güter, trotz ihrer Verschiedenheit, mit einander verglichen werden können, bildet den Werth derselben, so daß also an einem und demselben Orte ein Pfund Thee denselben Werth hat, wie sechs Pfund Fleisch oder ein Scheffel Roggen oder bestimmte Quantitäten unzähliger anderer Dinge; die Werthe von einzelnen solchen Dingen können steigen oder fallen, dagegen ist es unmöglich, daß die Werthe aller dieser Dinge steigen oder fallen. Der Werth eines jeden Guts ist Gebrauchs- oder Tauschwerth; der Gebrauchswerth ist subjektiver, der Tauschwerth objektiver Natur; der Gebrauchswerth findet seine Anerkennung in dem besonderen, der Tauschwerth in dem allgemeinen Kreise. Je mehr sich der Verkehr entwickelt, desto mehr wird der Werth aller Tauschgüter auf ein einziges Tauschgut reduzirt, mit ihm in Parallele gestellt, welches dann beim Vertauschen der Güter die Gegenleistung oder den Preis bildet, so daß man dann für jedes Tauschgut oder einen Theil desselben das Normaltauschgut oder einen Theil desselben als Gegensatz erhält; einen solchen Gegensatz bildete bei den Chinesen ein Theewürfel, bei den Griechen ein Rind. Dieser Gegensatz hatte den Charakter und die Funktion des Geldes, d. h. der Waare, welche allgemein als Tauschmittel und Werthmesser anerkannt wurde. Heute wird in der civilisirten Welt als solches Tauschmittel, als solcher Werthmesser, Metall benutzt, welches aus Gold oder Silber, Nickel oder Kupfer geprägt wird. Das Geld erst ermöglicht, daß Jemand eine Quantität Tuch gegen 100 M. eintauschen und von diesen je 25 M. für bestimmte Quantitäten Getreide, Fleisch, Butter und Kartoffeln eintauschen kann, während es ihm vielleicht erst nach vieler Mühe gelungen wäre, Einen zu finden, der gegen die jetzt erlangten Quantitäten Nahrungsmittel das betreffende Quantum Tuch eingetauscht hätte. Bei dem Werthe von Sachen unterscheidet man den gemeinen Werth, den eine Sache allgemein und bei Allen hat, von dem Sonderwerth oder Quantitätswerth, welchen eine Sache nur für eine bestimmte Person und unter besonderen Umständen besitzt; etwas anderes ist der Liebhaberwerth, d. i. derjenige Werth, welchen eine Sache für Jemanden nur aus besonderen Gründen hat; der gemeine Werth drückt sich gemeinhin im Marktpreise aus. Vermögen ist Alles, was einen Tauschwerth hat, und das Vermögen eines Menschen besteht aus der Gesammtmenge von Tauschgütern, welche er besitzt. Die Thätigkeit, welche die Produktion und Konsumtion von Vermögen bezweckt, die Erwerbung und Verwendung von Sachgütern zum Ziel hat, nennt man Wirthschaft. Die Güter, welche in der Hauswirthschaft verwendet werden, sind Genußmittel, wogegen die Erwerbswirthschaft sich mit Erlangung der Erwerbsmittel beschäftigt. Die Erwerbswirthschaft befaßt sich entweder mit der Beschaffung von Rohstoffen, wie die Jagd und die Fischerei, der Bergbau und die Landwirthschaft, oder mit der Verarbeitung und Verfeinerung der Rohstoffe, wie das Handwerk und die Industrie, oder mit dem Vertrieb der Industrieprodukte, wie der Handel. Zweck jeder Erwerbswirthschaft ist die Erzielung eines Ertrages, und man nennt den Theil dieses

Ertrages, der ein Entgelt für die aufgewendete Arbeit enthält und einen Ueberschuß über die aufgewendeten Kosten ausmacht, den Reinertrag, wogegen der Gesammtbetrag der Einnahme den Rohertrag bildet; bei ungünstigem Erfolge kann es jedoch kommen, daß kein Reinertrag erzielt wird, ja daß nicht einmal die für den Betrieb aufgewendeten Güter voll ersetzt werden; ist kein Reinertrag erzielt, so hat die Wirthschaft zwar Einnahme, aber kein Einkommen ergeben. Was von der Einzelwirthschaft gilt, gilt auch von der Volkswirthschaft. Vermögen ist Alles, was ein Tauschwerth hat.

Zur Geschichte der Volkswirthschaft.

Nach dem Uebergange der Naturalwirthschaft des Mittelalters zur Geldwirthschaft der Neuzeit begann, wie erwähnt, die wissenschaftliche Bearbeitung der Volkswirthschaft und es entwickelte sich zunächst das Merkantilsystem. Dasselbe bildete sich in Frankreich aus und nach demselben führte Colbert, der Finanzminister Ludwig XIV., † 1686, die Verwaltung. Man war der Meinung, daß der Besitz von Geld mit Reichthum identisch sei, und suchte durch Beförderung des Bergbaues auf Gold und Silber möglichst viel Geld im Lande zu produziren, dasselbe im Lande zu halten und möglichst viel Geld aus dem Auslande ins Inland zu schaffen. Zu diesem Zweck wurde die Industrie befördert, geschickte Arbeiter wurden aus dem Auslande herangezogen, die Industriellen bevorrechtigt; der Staat jedoch sicherte sich durch Erlaß von Industriereglements die Oberaufsicht über die Industrie, unterstützte dafür aber diese durch Erschwerung der Ausfuhr von Rohstoffen und der Einfuhr von Fabrikaten, so wie durch Bewilligung von Ausfuhrprämien von Fabrikaten. Der auswärtige Handel, die Entstehung von Handelskompagnien, die Erwerbung von Kolonien, welche die Abnehmer für die nationale Arbeit sein sollten, wurden begünstigt, um auch auf diese Weise mehr Geld ins Land zu schaffen, die Ausfuhr zu mehren, die Einfuhr zu mindern und eine „günstige Handelsbilance" zu schaffen. Die Landwirthschaft, deren Produkte schwer versendbar waren und weniger leicht gegen Geld ausgetauscht werden konnten, erfreute sich nicht der Gunst der Merkantilisten, welche der Meinung huldigten, daß desto billiger fabrizirt werden könne, je niedriger die Preise der Lebensmittel und der Löhne stehen. Man verwechselte Geld mit Kapital und überschätzte die volkswirthschaftliche Bedeutung staatlicher Reglements.

Nachdem der Merkantilismus abgewirthschaftet hatte, erhob sich das physiokratische System und schlug nach der Regel, daß die Gegensätze sich berühren, in das Gegentheil des früheren Systems um. Die Physiokraten, welche alle Werthe von der Natur, von der Erde herleiteten, unterschätzten den Handel und die Industrie, welche die Merkantilisten so hoch gehalten hatten, und wendeten ihre ganze Gunst der Landwirthschaft zu, die bei den Merkantilisten so in Mißkredit gewesen war. Die Natur, behaupteten die Physiokraten, schaffe allein Produkte, die Werthvermehrung derselben durch die Industrie sei nur scheinbar, weil die Industriellen während dieser Werthvermehrung von den Produkten der Landwirthschaft gelebt hätten, und auch der Handel werde auf Kosten der Nation betrieben. Die Physiokraten billigten daher auch nur eine Steuer, die Grundsteuer. Die Staatsgewalt wollten die Physiokraten möglichst einschränken und vor Allem die allmächtige Natur walten lassen (laisser faire). Auch in dieser Beziehung waren sie die Antipoden der Merkantilisten und wollten der staatlichen Gewalt, welche nach der Ansicht Jener Alles regeln sollte, Nichts einräumen. Der Begründer des physiokratischen Systems war François Quesnay († 1774), Leibarzt Ludwig XV.

Für die freie Bewegung der Industrie und des Handels trat das Manchestersystem in die Schranken, welches Adam Smith, † 1790, wissenschaftlich begründet hat. Dasselbe erklärte alle Arbeit, die den Werth einer Sache, für welche wieder eine gleiche Arbeitsmenge erworben werden kann, vermehrt, für produktiv und jede Arbeit, durch die nichts hervorgebracht wird, was verkäuflich ist, für unproduktiv; die nach dem Manchestersystem unproduktiven Arbeiter, wie die Gelehrten und Beamten, Prediger, Aerzte, Anwalte, werden von den produktiven Arbeitern erhalten. Das Manchestersystem suchte die Hauptquelle des Nationalwohlstandes in der Arbeit und wollte diese auf dem einheimischen wie auf dem ausländischen Markte vollständig frei walten lassen; den Staat beschränkte Adam Shmith auf den Schutz nach Außen, auf eine geordnete Rechtspflege im Innern und überließ ihm nur diejenigen öffentlicheu Einrichtungen, welche von Privatpersonen nicht zu treffen, aber doch von gemeinem Nutzen sind. Das Manchestersystem, welches zu einseitges Gewicht auf die nach ihm allein produktiven Güter legte, hat gleichwohl die wissenschaftlichen Grundlagen geschaffen, auf welchen die Volkswirthschaftslehre sich seitdem entwickelte. Weiter ausgebildet ist dasselbe von David Ricardo, † 1823, und von Carl Heinrich Rau, † 1870. Durch Roscher und Knies ist dann die historische Auffassung der wirthschaftlichen Erscheinungen wesentlich gefördert und in Deutschland weiter verbreitet.

Eine gegen die Freihandelspolitik des Manchestersystems gerichtete protektionistische Gegenströmung machte sich darauf in Deutschland durch Friedrich List, † 1846, in Amerika durch Carey, † 1879, geltend. Das Schutzzollsystem will zunächst diejenigen Manufakturen heben, welche Artikel für den gemeinen Gebrauch fabriziren und die Eingangszölle so weit steigern, wie es die Erziehung der Manufakturkraft fordert, sie dann aber allmählig fallen lassen. Die Schutzzölle, welche früher nur auf die Industrie berechnet waren, sind in der neueren Zeit auch auf die Landwirthschaft ausgedehnt, seitdem die Einfuhr landwirthschaftlicher Produkte erheblich zugenommen hat. Während die Freihandelspolitik vorwiegend die Interessen der Konsumenten berücksichtigt, hebt das Schutzzollsystem das Interesse der Produzenten hervor; die zu weit ausgedehnte Freihandelspolitik kann die Existenz der Produzenten gefährden, exzessives Schutzzollsystem die Strebsamkeit der Produzenten einschläfern und die Konsumenten ungebührlich belasten. Eine mehr historische und realistische Auffassung der Volkswirthschaft betrachtet, ohne vorgefaßte Lehrmeinung, die reellen Verhältnisse und trägt den durch die Verkehrsentwickelung bedingten Umständen Rechnung. In neuerer Zeit hat sich auch das Bestreben geltend gemacht, das wirthschaftliche Leben in seinen Einzelheiten statistisch zu erforschen und an die Stelle theoretischer

Deduktion die auf Erfahrung begründete Methode zu setzen. Hiermit verbindet sich eine ernstere Würdigung der sozialen Verhältnisse, der in Betracht kommenden ethischen Prinzipien und das Streben nach Abwendung der sozialen Uebelstände. Das Verlangen nach Beseitigung dieser sozialen Uebelstände hat gegen Ende des vorigen Jahrhunderts den Kommunismus hervorgerufen, von dessen Vertretern Babeuf, † 1797, Weitling, Proudhon, † 1865, Cabet, † 1856, zu nennen sind. Die Kommunisten stellen den Satz auf, daß alle Menschen gleich sind und gleichen Anspruch auf die wirthschaftlichen Güter haben; sie wollen das Privateigenthum aufheben, an Stelle der Einzelwirthschaft die gemeinschaftliche Wirthschaft setzen und allgemeine Gütergemeinschaft einführen. Abgesehen davon, daß der Kommunismus nur durch Gewalt einzuführen ist und nur durch Tyrannei aufrecht erhalten werden kann, würde ein solches System jedes individuelle Streben des Einzelnen, welches ihn zur Arbeit, zur Vervollkommnung treibt, aufheben, den gesunden Egoismus des Menschen, welcher ihn in dem Kampfe ums Dasein aufrecht hält, beseitigen und die Möglichkeit zur Entfaltung der verschiedenen Anlagen der Menschen wegschaffen, um an Stelle dessen Maschinenmenschen zu setzen, welche nach Ordre der Kommune zu arbeiten und zu essen, sich zu kleiden und zu zerstreuen haben, jede Freude am Dasein verlieren und eine ärgere Sklaverei dulden würden, als sie jemals dagewesen ist. Die Menschen sind von Natur ungleich von Geburt, von Anlagen und Entwickelung, und werden es bleiben. Die menschliche Natur auszurotten, ist unmöglich, und es scheint mindestens vermessen, den organisch gewordenen Bau der menschlichen Gesellschaft zertrümmern und an seine Stelle ein Gebäude setzen zu wollen, dessen Fundamente auf Einbildung beruhen, dessen Mauern Phantasiegebilde sind und dessen Dach ein Phantom ist.

Der Sozialismus hat gleichfalls in Frankreich seinen Ursprung gefunden. St. Simon, † 1825, wollte die Gesellschaft in einen Verein von Arbeitern umwandeln; das Eigenthum der Einzelnen sollte nach deren Tode an den Staat fallen, Jeder nach Maßgabe seiner Anlagen und seiner Entwickelung den Industriellen, Gelehrten oder Künstlern zugewiesen werden, an der Spitze der Gesellschaft ein chie-rarchisch gegliederter Priesterstand stehen, um die Religion der Gleichheit und Brüderlichkeit ins Leben zu führen. Fourier, † 1837, wollte Gemeinden von etwa 2000 Personen errichten, welche für gemeinschaftliche Rechnung Gewerbe und Landwirthschaft betreiben und die Bedürfnisse der Einzelnen befriedigen sollten; bei seinem Eintritt in die Gemeinde hat Jeder sein Vermögen einzulegen und erhält dafür Aktien der Gemeinde: Jedem wird ein Mindesteinkommen zugesichert und der Ueberschuß, den die Gemeinde erzielt hat, am Jahresschluß vertheilt. Der Plan von Louis Blanc, † 1882, ging dahin, Nationalwerkstätten zu errichten, welche mit Hilfe des Staats die Konkurrenz der Kapitalisten beseitigen sollten. Auch Lassale, † 1864, wollte mit Unterstützung des Staats Produktiv-Genossenschaften gründen, um dem Arbeiter, welcher nach dem „ehernen Lohngesetz“ jetzt nur den nothwendigen Lebensunterhalt erwerbe, den vollen Arbeitsertrag zu sichern. Der wissenschaftliche Begründer des heutigen Sozialismus ist Carl Marx, † 1883. Nach ihm ist das heutige Großkapital durch Vernichtung der Kleinbesitzformen, wie sie sich bei Handwerkern und Bauern darstellten, bei denen Arbeit und Privateigenthum wirklich verknüpft war, entstanden. Dieser Umwandlungsprozeß schreitet fort und auf der zweiten Entwickelungsstufe verschlingt der große Kapitalist den kleinen Kapitalist, bis endlich wenige Kapitalisten die ganze Volksmasse enteignet haben. Dann aber werden die Enteigner enteignet, das Privatkapital wird durch das Kollektivkapital ersetzt. Eine neue Produktionsweise tritt ein, welche auf Grund kollektiven Eigenthums aller Arbeitproduzenten an allen Produktionsmitteln eine einheitliche Organisation der Arbeit durchführt und die Vertheilung des gemeinsamen Produkts Aller nach dem Maße der Arbeitsleistung eines Jeden vornimmt. Die Arbeiter beziehen auf Arbeitszertifikate, auf Arbeitsgeld nach Maßgabe der von ihnen geleisteten Arbeit ihren Antheil an den Arbeitsprodukten aus den Staatsmagazinen, den Niederlagen des gesammten Produkts. Wer dem Ganzen als Richter, Verwaltungsbeamter, Gelehrter, Künstler gemeinnützige Dienste leistet, wird für seinen Bedarf an dem Sachgüterprodukt der Nationalarbeit nach Verhältniß seiner Dienste betheiligt. Die bisherigen Privatkapitalien werden durch Genußmittelraten, ähnlich wie Reallasten, abgelöst, und die Rothschilds wären daher dann in der Lage, reichlich zu genießen, aber nicht mehr in der Lage, zu kapitalisiren. Im sozialistischen Staate würde es keine Pacht geben, weil die Pachtgüter zu den Produktionsmitteln gehören, welche sich im Kollektiveigenthum befinden; Wohnungsmiethe hätte aufgehört, weil ein privater Bezug von Grundrente nicht existiren kann; für den Privathandel und den Markt würde kein Raum sein, weil mit den Produktionsmitteln auch die Produkte sich im Eigenthum des Staats befinden, bis die letzteren an die Konsumenten übergehen; ebenso wie der Handel würden die Verkaufmiethlokale, würde das Annoncen- und Reklamewesen aufhören; an Stelle des Metallgeldes würden Arbeitszertifikate treten; Staatskredit würde überflüssig sein, und, ebenso wenig wie Aktien, würde es Staatspapiere oder Pfandbriefe, also auch keine Börse geben, denn der Bedarf des Staats würde aus den öffentlichen Produktvorräthen entnommen; aus demselben Grunde würde der sozialistische Staat keine Steuern im heutigen Sinne kennen; gerichtliche Strafen würden in Bons auf das Arbeitskonto des Verurtheilten ihr Exekutionsobjekt finden. Die Umgestaltung würde eine vollständige sein. Was die Verwendung des privaten Eigenthums betrifft, so würde Jeder mit seinem Arbeitsverdienst anschaffen, was ihm beliebt; auch würde Jeder Privateigenthum, also Lebensmittel, Kleider, Mobiliar, Bücher, nach Belieben sparen und vererben können; auch die Freiheit des Schenkens würde bestehen bleiben: desgleichen steht Familienleben, Ehe, Erbrecht mit dem Prinzip des sozialistischen Staats nicht im Widerspruch und auch die Kirche kann in ihm Raum finden. Dagegen würde in wirthschaftlicher Beziehung bei dem Aufbau des sozialistischen Staats kaum ein Stein des heutigen Gesellschaftsgebäudes auf dem anderen bleiben. Der sozialistische Staat würde den ganzen Arbeits-, Produktions- und Bedarfskörper in wirthschaftlichem Gleichgewicht halten und leiten müssen. Da aber der Werth jeder Arbeit nicht nur nach der auf dieselbe verwendeten Arbeitszeit, sondern auch nach dem Gebrauchswerthe und dem Bedarf sich regelt, so ist es für den Staat offenbar eine kaum zu lösende Aufgabe, hierfür die richtige Werthtaxe zu finden; nicht minder dürfte es über die Kraft irgend einer staatlichen Gewalt gehen, das gesammte Produktionsgebiet derartig technisch zu beherrschen, daß ein günstiger Erfolg erzielt wird. Der sozialistische Staat würde ferner die nothwendige individuelle Freiheit der Arbeit und der Verzehrung einräumen müssen, denn diese Freiheit entspricht den unvertilgbarsten Trieben der Menschheit; es darf aber mit Recht bezweifelt werden, ob er mit seiner Generalproduktion und seinen Universalmagazinen hierzu im Stande sein wird. Im sozialistischen Staate würden endlich Mittel gefunden werden müssen, um den Trieb zu wirthschaftlicher Anwendung der Arbeitskraft und der Güter in jedem Einzelnen zu wecken und rege zu halten, nachdem die Konkurrenz der Kapitalisten und der Arbeiter beseitigt ist, und es scheint zum mindesten problematisch, ob dies im Bereiche der Möglichkeit liegt. Das Fiasko, welches Paris 1848 mit den Nationalwerkstätten gemacht hat, lockt nicht zur Nachfolge, und doch würden diese Nationalwerkstätten nur ein Kinderspiel sein gegen den landwirthschaftlichen und Industriebetrieb des sozialistischen Staats. Derselbe hat noch zu keiner Zeit und an keinem Orte auch nur die kleinste Probe bestanden, und es scheint ein sehr dreistes Verlangen, daß die heutige Produktionsweise, die organisch und historisch sich entwickelt hat, trotz der offenbaren Schäden, die sie begleiten, zu Gunsten einer neuen Produktionsart, deren Probe erst zeigen könnte, ob ihre Fehler nicht viel größer, als ihre Vorzüge sind, abdanken soll. Auf die Gefahr hin aber die heutige Gesellschaftsordnung zu zertrümmern, so daß wir sie von Neuem errichten müssen, nachdem die Produktionsweise des sozialistischen Staats chmählich Schiffbruch gelitten hat, dürfte unverantwortich sein.

Staatssozialismus.

Es ist die Aufgabe des Staats, das gemeine Beste aller Staatsbürger zu fördern, und auf jedem Gebiete seiner Thätigkeit wird zu erkennen sein, ob er diese Aufgabe zu erfüllen strebt oder ob seine Maßnahmen nur im Interesse einer wohlsituirten Minderheit getroffen werden. Eine volksthümliche Gesetzgebung und Verwaltung muß sich hohe Ziele stecken und diese Ziele mit Einsicht und Verständnis, rastloser Arbeit und unermüdlichem Eifer zu erreichen trachten. Die Unterrichtsanstalten sollen auf die breiten Schichten des Volkes ausgedehnt und die Gewerbeverhältnisse so geregelt werden, daß die Arbeitskraft der Vielen nicht zum unverhältnißmäßigen Vortheile Weniger angespannt wird; die Abgaben an Staat und Gemeinde sollen so vertheilt sein, daß sie für die Schultern der Schwachen erträglich sind; die gleiche Fürsorge soll für Stadt und für Land gelten, und Förderung soll besonders denjenigen Theilen des Landes gewährt werden, welche von der Natur weniger begünstigt sind; der Staat soll Maßnahmen treffen, daß die handarbeitende Bevölkerung bei Krankheit, Unfall oder Invalidität nicht in Noth geräth, welche ihre wirthschaftliche Existenz untergräbt; in der Verwaltung soll Jedermann Schutz gegen Unrecht finden und so viel Theilnahme an derselben haben, als seiner Einsicht und seinem Interesse entspricht, die Justiz aber soll so administrirt werden, daß das Anrufen gerechter Gesetze auch dem Armen ermöglicht ist; an der Vertheidigung des Landes gegen die Angriffe seiner Feinde sollen Alle theilnehmen, welche Waffen zu tragen im Stande sind, und die Last des Kriegsdienstes auch im Frieden so vertheilt sein, daß die Wehrhaftigkeit des Landes dauernd erhalten bleibt; die Verkehrsanstalten zu Wasser und zu Lande sollen so eingerichtet werden, daß ihre Benutzung für Handel und Industrie, so wie für die Beförderung von Personen leicht und bequem ist; für Kunst und Wissenschaft soll der Staat Alles thun, um deren Erfolge zum Gemeingut der Nation zu machen; das Wort und die Schrift sollen so frei sein, als die Achtung vor dem Rechte der Allgemeinheit irgend gestattet; die Strafen, welche der Staat gegen die Uebertreter der Gesetze verhängt, sollen nicht strenger sein, als die Sühne des Unrechts es nothwendig macht; für jeden Fortschritt der Kultur soll der Staat offenes Auge und feines Verständniß haben, um den Segen derselben immer weiter zu verbreiten.

Aber der Staat kann nicht Alles thun. Er soll der freien Thätigkeit seiner Bürger Raum lassen, so daß der Einzelne Lust und Liebe für die Entwickelung freiwilligen Strebens behält, daß Versammlungen, Vereine und Genossenschaften Platz für gemeinnütziges Wirken finden. Wollte der Staat hier Einschränkungen eintreten lassen, welche die Thatkraft seiner Bürger lähmen, so würde es bald dahin kommen, daß er auch in Staats- und Gemeindeangelegenheiten vergebens an die Theilnahme derjenigen appellirt, welche ihn tragen und halten, und nur Diener finden, welche Zwangsdienste leisten. Der Staat soll nicht Alles absortiren wollen und nur solche Aufgaben sich stellen, welche er besser lösen kann, als Einzelne oder die Verbindung Einzelner.

Gleichwohl bleibt die Aufgabe des Staates umfassend und bedeutungsvoll für das Wohl des Ganzen, und was hier seit etwa 2½ Jahrhunderten bei uns geschehen, ergiebt ein kurzer Rückblick auf unsere Geschichte.

Der 30jährige Krieg hatte Deutschland an den Rand des Verderbens gebracht. Der einzige Staat, der aus der Zerrüttung sich aufrichtete, in welchem ein weises Regiment mit bürgerlicher Arbeit und kriegerischer Kraft zum Gedeihen des Ganzen zusammenwirkte, war Brandenburg — Preußen. Sein neuer Regent war der einzige Fürst jener Zeit, welcher die Wirkungen der Selbstherrschaft in großen Ergebnissen veranschaulichte. Der große Kurfürst griff in die Rechte der ständischen Körperschaften, in die Privilegien des Adels scharf ein, aber die Gewalt, welche er sich schuf, ward trotz aller Härten eine Wohlthat für die Gesammtheit; er wälzte die Last der Adelsherrschaft ab, beseitigte die Sonderinteressen und hob das Selbstgefühl des Bürgers und des Bauern, auf deren Wohlfahrt der neue Staat fortan ruhte. Während das Reich seinem Verfalle entgegenging, kam in dem jungen Staate Preußen Alles, was von gesundem deutschen Stoffe vorhanden war, zur Entfaltung und ein tief zerrüttetes Land ward durch ein weises Regiment dem Elende entrissen, die schlummernde Kraft der Bevölkerung geweckt, körperlicher Fleiß und Wohlstand gepflegt, der Kultur ein weites, zum Theil noch unbebautes Gebiet erobert. Seinem Nachfolger schärfte der große Kurfürst ein, daß er alle Unterthanen wie ein Landesvater lieben und den Armen wie den Reichen ohne Ansehen der Person Recht verschaffen solle. Dieser Nachfolger machte bei Stiftung des schwarzen Adlerordens das „Suum cuique" — „Jedem das Seine" zum Wahlspruch.

Der König Friedrich Wilhelm I. erklärte, als er auf den Thron stieg, daß er sein eigener Feldmarschall und sein eigener Finanzminister sein wolle. Ein Volkswirth auf dem Throne, wie selten ein Regent gewesen, reformirte er die ganze Verwaltung und lehrte seine Beamten, unverdrossene Thätigkeit und strenge Ordnung zu üben. Er selbst ging mit gutem Beispiel voran. „Der König, sagte er, ist nicht eingesetzt, um seine Tage in Genuß zuzubringen, sondern die Regenten sind zur Arbeit erkoren." Sein Haushalt war schlicht und knapp, und er lebte kaum anders, wie ein märkischer Landedelmann oder ein Potsdamer Bürger. Die darniederliegende Industrie war er zu fördern bestrebt, die Manufakturen nannte er „ein rechtes Bergwerk" und von einem Lande ohne Manufaktur, sagte er, „es sei ein Körper ohne Leben, ein todtes Land." Seine Domänen machte er als vorzüglicher Landwirth zu Musterwirthschaften und am Ende seiner Regierung waren in dem ostpreußischen Littauen, welches er fast verödet vorgefunden hatte, 60000 Hufen, 12 Städte, 332 Dörfer und 49 Domänen neu angebaut; die um ihres Glaubens willen vertriebenen Salzburger fanden in Littauen Zuflucht und hilfbereite Aufnahme. In die Verwaltung der Städte, deren schlechter Haushalt zur Ueberschuldung geführt hatte, wurde Ordnung gebracht und den Vetterschaften in den Magistraten, welche ihr Interesse über das der Stadt setzten, ein Ende gemacht. Der Adel auf dem Lande wurde grundsteuerpflichtig, und als die ostpreußische Ritterschaft gegen diese Steuer, welche das ganze Land ruiniren würde, Vorstellungen erhob, entgegnete der König, „daß nicht das Land, sondern nur die Autorität der Junker ruinirt werden würde, an deren Stelle er die Souveränität der Krone wie einem Felsen von Erz setze." Mit Einführung des Schulzwanges wurde begonnen „um der traurigen Unwissenheit des Landvolkes Abhilfe zu schaffen", und der König revidirte als eifrigster Schulinspektor die Volksschulen selbst. Die Bauern auf den Domänen befreite er von der Hörigkeit, verbesserte die Rechtspflege und duldete keine Verfolgung um des Glaubens willen.

Nicht minder gewissenhaft faßte Friedrich der Große das Verhältniß der Fürsten im Staate auf. „Der Fürst," sagte er, „ist nicht ein unumschränkter Herr, sondern der erste Diener des Staates; der Fürst ist für die Gesellschaft, was der Kopf für den Körper ist, und er muß sehen, denken, handeln, um ihr alle Vortheile, deren sie fähig ist, zu verschaffen; soll die Monarchie über die Republik den Sieg behalten, so muß der Monarch thätig und unbescholten sein und alle seine Kräfte zusammen nehmen, um seinen Pflichten zu genügen; er soll sich in die Seele des armen Landmannes oder Arbeiters versetzen und sich fragen, was würde ich von meinem Fürsten verlangen, wenn ich einer von denen wäre, deren Kapital nur in ihrer Hände Arbeit besteht?" Nach diesen Grundsätzen hat der König Zeit seines Leben gehandelt. Am dritten Tage nach dem Antritt seiner Regierung hob er die Tortur auf und um die Rechtspflege zu verbessern, die an argen Mängeln litt, wollte er nicht die Rinde des bösen Baumes, sondern seine Wurzeln anfassen. Unter seiner Regierung wurde das allgemeine preußische Landrecht, das erste Gesetzbuch in deutscher Sprache, und die allgemeine Gerichtsordnung geschaffen, um Jedermann im Lande in den Stand zu setzen, daß er wisse, was Rechtens sei; ein berühmter Franzose sprach sein Urtheil über diese Gesetzbücher dahin aus, daß Preußen damit dem übrigen Europa um hundert Jahre vorausgeeilt sei. Den Gerichten schärfte der König prompte und unparteiische Gerechtigkeit ein. „Die Justizkollegia, schrieb er, müssen nur wissen, daß der geringste Bauer, jeder Bettler ebenso ein Mensch ist, wie Sr. Majestät, und daß ihm alle Gerechtigkeit widerfahren muß, denn vor das Justiz sind alle Leute gleich." Das Vertrauen auf die Gerechtigkeitsliebe des Königs war im Lande so groß, daß ein Windmüller in Potsdam dem Könige, der ihm gedroht hatte, die Mühle, welche den Monarchen belästigte, abbrechen zu lassen, erwiderte: „Oho, Majestät! es giebt noch Richter in Berlin." Der König that auch viel für die Beförderung der Industrie, unterstützte die Anlagen von Fabriken und führte den Seidenbau ein. Auf dem Gebiete der Meliorationsarbeiten hat er Hervorragendes geleistet. Bald nach seinem Regierungsantritte begann er mit der Entwässerung des Oderbruchs, einer mehr als 10 Quadratmeilen umfassenden, aus Sumpf und Wüstenei bestehenden Fläche, und nach siebenjähriger Thätigkeit waren 225 000 Morgen fruchtbaren Landes, auf welchem 43 Kolonien mit 1200 Familien errichtet wurden, der Kultur gewonnen. Demnächst folgte die Entwässerung des Wartebruchs, die 123000 Morgen urbar machte und zur Gründung von 95 Kolonien führte. Mit Recht sagte der König: „Hier habe ich Provinzen im Frieden erobert". Das landwirthschaftliche Vereinswesen dankt der Anregung des Königs seine Entstehung, die Errichtung landschaftlicher Pfandbriefinstitute verschaffte dem Grundbesitze Kredit, und in Schlesien allein wurden einige hundert Dörfer angelegt. Die Leute in Schlesien wunderten sich, daß unter preußischer Herrschaft die Zahl der Advokaten geringer wurde und daß die Urtheile so schnell kamen, während unter dem österreichischen Regiment die Prozesse unabsehbar und kostspielig waren und ohne Bestechungen nicht gewonnen wurden. Staunenerregendes ward in Westpreußen geleistet. Dies Land war durch die Kämpfe des deutschen Ordens mit den Polen und die daran folgende polnische Wirthschaft verödet. Als dasselbe bei der ersten Theilung Polen's 1772 von Preußen erobert wurde, lagen die kleinen und die Mittelstädte, wie die Höfe des Flachlandes fast in Trümmern; von den 40 Häusern des großen Marktplatzes in Culm hatten 28 keine Thüren, keine Dächer, keine Fenster und keine Eigenthümer. Die Häuser auf den Dörfern hatten keine Schornsteine, Stubenöfen waren unbekannt und der Rauch zog von dem großen Heerd in der Stube durch die Thüre; das Volk lebte in Schmutz von Roggenmehlbrei, Heringen und Branntwein, dem Männer und Frauen ergeben waren; Brod wurde nur von den Reichen gebacken; die Wirthschaftsgebäude auf den Höfen der Edelleute waren verfallen; eine Post im Lande gab es ebenso wenig wie Apotheken und auf viele Meilen weit war kein Schneider zu finden; eine Rechtspflege existirte im Lande kaum. Der König warf nun eine Schaar seiner besten Beamten in die Wildniß; die Landschaften wurden in Kreise getheilt, der Boden abgeschätzt und besteuert, jeder Kreis erhielt einen Landrath, ein Gericht, eine Post und Polizei; neue Kirchengemeinden entstanden, 187 Schullehrer kamen ins Land, Schaaren von deutschen Handwerkern wurden geworben; die Städte wurden mit Menschen besetzt, Straße auf Straße erhob sich aus dem Trümmerhaufen; die Starosteien wurden in Domänen verwandelt und neue Kolonistendörfer ausgesteckt; gleich nach der Besitznahme ward der Kanal gegraben, welcher die Weichsel mit der Oder und Elbe verbindet. Nach wenigen Jahrzehnten war an Stelle des polnischen Unkrauts deutsche Kultur entstanden. Aber dies Alles galt Friedrich dem Großen nur als Erfüllung seiner königlichen Pflicht. Einer Abordnung der schlesischen Stadt Greiffenberg, welche 1783 abgebrannt und mit königlicher Beihilfe bald wieder aufgebaut war, erwiderte er, als sie ihren Dank ihm abstattete: „Ihr habt mir nicht zu danken, denn davor bin ich da.“ Friedrich der Große war auch bemüht, den Uebergriffen der Rittergutsbesitzer gegen die Bauern, deren Lage im Laufe der Zeit erheblich verschlechtert worden, eine Grenze zu ziehen. Seitdem die Gutsherren nach dem Erlöschen des Ritterthums sich auf ihre Güter zurückgezogen und ihre grundherrlichen Befugnisse eifriger geltend gemacht hatten, seitdem die Grundsätze des römischen Rechtes auf die deutschen gutsherrlich-bäuerlichen Verhältnisse übertragen waren, seitdem die Unterdrückung der Bauernaufstände ihre Rückwirkung auch auf Norddeutschland geübt hatte, seitdem im 30jährigen Kriege der Bauernstand fast zu Grunde gerichtet war, bildete die Erbunterthänigkeit der hörigen Leute die Grundlage des ländlichen Gemeinwesens, des Erbzinsverhältniß, welches das Obereigenthum des Gutsherrn anerkannte, und das Verhältniß der Lassiten, denen nur ein Nutzungsrecht an dem Grundstücke zustand, entwickelte sich immer weiter und die Einverleibung bäuerlichen Besitzes in das herrschaftliche Gut, das „Legen“ der Bauerngüter griff immer mehr um sich. Um diesem Uebelstande zu steuern und dem Legen der Bauerngüter Einhalt zu thun, wurde dies 1749 durch eine königliche Konstitution verboten.

Auf dieser Grundlage schritt die Gesetzgebung nach den Niederlagen, welche der Staat in dem unglücklichen Kriege erlitten hatte, fort. Friedrich Wilhelm III. stellte den Freiherrn vom Stein an die Spitze der Verwaltung, und dieser rief, mit Unterstützung von Hardenberg, Schön und Schroetter, eine Reihe der bedeutendsten Reformen ins Leben. Das Edict vom 9. Oktober 1807 hob die Erbunterthänigkeit auf, nach welcher der Bauer an die Scholle gebunden war, nach welcher seine Kinder nicht in fremde Dienste gehen, seine Töchter ohne Erlaubniß des Gutsherrn nicht heirathen durften. Die Scharwerks- und Hofedienste, welche der Bauer hatte leisten müssen, wurden nach dem Edicte vom 14. September 1811 abgelöst und der Rest des Bauernguts ward freies Eigenthum des Bauern. Den Städten, deren Verwaltung immer mehr unter die Vormundschaft des Staats gekommen und immer schlechter geworden war, wurde durch die Städteordnung vom 19. November 1808 die Selbstverwaltung wiedergegeben; von den durch die Bürgerschaft gewählten Stadtverordneten hieß es: „Das Gesetz und ihre Wahl sind ihre Vollmacht, ihre Ueberzeugung und ihre Ansicht vom gemeinen Besten ihre Instruction, ihr Gewissen aber die Behörde, der sie deshalb Rechenschaft zu geben haben;“ diese Selbstverwaltung hat die Städte wieder erstarkt, den Gemeinsinn gehoben, den Haushalt der Städte verbessert und die Kommunalangelegenheiten trefflich gefördert. Das Heer, welches bis dahin aus geworbenen Söldnern bestanden hatte, wurde durch die Verordnungen vom 3. August 1808, welche von Scharnhorst, Gneisenau, Grolmann und Wogen geschaffen waren, zu dem „Volk in Waffen“ umgewandelt, und die allgemeine Wehrpflicht hat allmählig bei fast allen Nationen Europas Nachahmung gefunden. Der von Preußen am 1. Januar 1834 mit dem größten Theile der deutschen Bundesstaaten zum Abschluß gebrachte Zollverein, welcher die Binnenzölle aufhob, hatte nicht nur staatliche Bedeutung, indem er auch die politische Einigung vorbereitete, und nicht nur erhebliche wirthschaftliche Vortheile im Gefolge, sondern förderte auch, indem er Handel und Industrie belebte, die große Masse des Volkes.

Unter der Regierung Friedrich Wilhelm IV. erfreuten sich die Künste und Wissenschaften ganz besonderer Pflege; der König zog die berühmten Maler Cornelius und Kaulbach nach Berlin; Rauch errichtete unter den Linden das Denkmal Friedrich des Großen; das neue Museum wurde erbaut, das Opernhaus nach dem Brande wieder aufgeführt, die Schloßkapelle hergestellt; im Laufe seiner Regierung hat der König 300 Kirchen erbauen und 130 restauriren lassen; unter den Musikern ragten Mendelssohn und Meyerbeer, unter den Gelehrten die Sprachforscher Gebrüder Grimm, die Philologen Böckh und Lobeck, der Geograph Ritter, der Augenarzt Gräfe, die Historiker Ranke, Droysen und Mommsen, unter den Naturforschern Humboldt, hervor; von bedeutenden Dichtern ist Geibel, Wilibald Alexis, Scherenberg und Fontane zu nennen. Auch Industrie, Handel und Verkehr machten beträchtliche Fortschritte; Anfangs 1857 hatte Preußen bereits 578 Meilen Eisenbahn und 1853 waren die preußischen Telegraphenlinien 1427 Meilen lang; die preußische Marine besaß schon 1853 zum Schutze des Handels 57 Fahrzeuge mit 292 Kanonen.

Auf sozialpolitischem Gebiete nahm dann die Regierung Kaiser Wilhelm I., nachdem das 1878 verübte Attentat gezeigt hatte, welche Frucht auf einem mit Haß gedüngten Felde erwachsen kann, Anlaß zu weitgehenden Reformen. „Geben Sie", rief Bismarck den Abgeordneten zu, „dem Arbeiter, wenn er gesund ist, Arbeit, wenn er krank ist, Pflege, wenn er von einem Unfall betroffen wird, Unterstützung, wenn er alt oder invalide ist, Versorgung." In der Botschaft des Kaisers vom 14. April 1883 hieß es: „Die Gesetzgebung darf sich nicht auf polizeiliche und strafrechtliche Maßregeln zur Unterdrückung und Abwehr staatsgefährlicher Umtriebe beschränken, sondern muß zur Heilung oder doch zur Minderung des Uebels Reformen einführen, welche dem Wohle der Arbeiter förderlich und deren Lage zu bessern und zu sichern geeignet sind." Die Regierung richtete ihr Augenmerk besonders auf die Kranken- und Unfall-, Invaliditäts- und Altersversicherung der Arbeiter.

1. Krankenversicherung. Die früheren Krankenkassen litten an dem Fehler, daß sie sich auf Gesellen und Fabrik-

arbeiter beschränkten, daß die Beitrittspflicht von dem Ermessen der Gemeinden und Regierungen abhängig gemacht wurde und daß maßgebende Bestimmungen über die Höhe des Krankengeldes fehlten. Zahlreiche Gemeinden machten jedoch von der ihnen ertheilten Befugniß wenig Gebrauch und die Regierungen schritten nur in seltenen Fällen ein. Die Krankenkassen gewährten auch, außer freier ärztlicher Behandlung und freier Arznei, ein nur sehr mäßiges Krankengeld, welches selten mehr als 3 M. für die Woche betrug. In Folge dessen belief sich die Zahl der Krankenkassen in Preußen zu Ende des Jahres 1876 auf nur 5239 und die Zahl der Mitglieder betrug nur 869204. Das Reichsgesetz vom 7. April 1876 bestimmte demnächst zwar, daß die Krankenunterstützung für Männer mindestens die Hälfte, für Frauen mindestens ein Drittel des ortsüblichen Tagelohnes gewöhnlicher Tagelöhner betragen solle, schwächte jedoch diese Bestimmung dadurch wieder ab, daß es gestattete, die Gewährung ärztlicher Behandlung und der Arznei bis zu zwei Drittel auf das Krankengeld abzurechnen, so daß dieses an einem Orte, an welchem der Tagelohn 1,80 M. betrug, auf 30 Pf. für den Tag sinken konnte. Auch wurde die Krankenversicherungspflicht in das Belieben der Gemeinden gestellt und die Beitragspflicht auf die Arbeitnehmer beschränkt. So kam es, daß 1880 in Preußen die Zahl der auf Grund von Ortsstatuten errichteten Krankenkassen auf 4901 mit 839602 Mitgliedern zurückgegangen war. Die Reform des Gesetzes vom 15. Januar 1883 bestand darin, daß der Kreis der Versicherungspflichtigen vom Gesetze bestimmt und erweitert wurde, daß eine Beitragspflicht der Arbeitgeber in Höhe von einem Drittel eingeführt und das baare Krankengeld auf die Hälfte des Lohnes festgesetzt, auch die Gewährung eines angemessenen Sterbegeldes angeordnet ward. Zugleich wurde das Bestehen der eingeschriebenen Hilfskassen an die Bedingung geknüpft, daß sie bestimmte Mindestleistungen gewähren mußten. Das Gesetz vom 28. Mai 1885 dehnte dann die Krankenversicherungspflicht auf einen weiteren Kreis von Industriearbeitern aus und das Gesetz vom 5. Mai 1886 ermächtigte die Gemeinden, durch Ortsstatut, die Einzelstaaten aber durch Gesetz auch die land- und forstwirthschaftlichen Arbeiter für krankenversicherungspflichtig zu erklären. In Folge dessen bestanden 1888 in Deutschland 20 468 Krankenkassen mit 5 398 478 Mitgliedern, und hiervon entfielen auf:

7852	Gemeindekrankenkassen mit je	98	Mitgliedern	770 959,
3893	Ortskrankenkassen mit je	570	„	2 220 731,
5865	Betriebskrankenkassen mit je	244	„	1 434 667,
135	Baukrankenkassen mit je	212	„	28 627,
401	Innungskrankenkassen mit je	138	„	55 428,
1853	eingeschriebene Hilfskassen mit je	402	„	745 171,
466	landesrechtliche Hilfskassen mit je	307	„	142 895.

Die Gesammtdurchschnittszahl betrug pro Kasse 280 Mitglieder. Krankenversicherungspflichtig sind alle Personen, welche gegen Gehalt oder Lohn in Bergwerken oder Salinen, Fabriken oder Hüttenwerken, auf Werften oder bei Bauten, im Handwerk oder in sonstigen stehenden Gewerbebetrieben, in Betrieben, welche durch Dampf oder elementare Kraft bewegt werden, im Baggerei-, Fuhrwerks-, Schifffahrts-, Speditions-, Speicher- oder Kellereibetriebe, im Betriebe der Güterpacker und Güterlader, der Post-, Telegraphen- und Eisenbahnverwaltung, der Marine- und Heeresverwaltung beschäftigt werden. Die Ortskrankenkassen werden von der Gemeindebehörde, Fabrikkrankenkassen von den Fabrikanten, Baukrankenkassen von den Bauherrn, welche den Bau von Eisenbahnen, Kanälen und dergl. unternehmen, Innungskrankenkassen von den Innungen errichtet. Versicherungspflichtige, welche weder einer von diesen Kassen, noch einer Knappschaftskasse, noch einer eingeschriebenen Hilfskasse angehören, müssen der von der Gemeindebehörde verwalteten Gemeindekrankenversicherung beitreten. Die Krankenkassen haben die Rechte juristischer Personen und werden durch einen Vorstand vertreten, welcher von der Generalversammlung gewählt wird. In dieser, wie in dem Vorstande haben die Arbeitgeber, welche ein Drittel der Beiträge zahlen müssen, den dritten Theil der Stimmen. Die Krankenkassen gewähren, mit Ausnahme der eingeschriebenen Hilfskassen, freie ärztliche Behandlung und freie Medizin; das baare Krankengeld beträgt mindestens die Hälfte, bei den eingeschriebenen Hilfskassen mindestens drei Viertel des ortsüblichen oder durchschnittlichen Tagelohns; außerdem müssen die Krankenkassen mit Ausnahme der Gemeindekrankenversicherung und der eingeschriebenen Hilfskassen, den Wöchnerinnen auf drei Wochen nach deren Niederkunft die Hälfte des durchschnittlichen Tagelohnes als Unterstützung und für den Todesfall eines Mitgliedes ein Sterbegeld zum 20 fachen Betrage des ortsüblichen Tagelohns gewähren. Die Krankenunterstützung dauert mindestens 13 Wochen; das Krankengeld wird vom dritten Tage nach dem Tage der Erkrankung für jeden Arbeitstag gezahlt. An Beiträgen sind der Regel nach 2 % des Tagelohns zu erheben. Die Krankenkassen müssen einen Reservefonds bis zur Höhe des Jahresbetrages der Ausgabe sammeln. Durch Statut kann die Dauer der Krankenunterstützung bis zu einem Jahre, das Krankengeld bis zu 3 Viertel des durchschnittlichen Tagelohns erhöht, die Wöchnerinnenunterstützung bis auf 6 Wochen ausgedehnt, das Sterbegeld bis zum 40 fachen Betrage des ortsüblichen Tagelohns vergrößert werden.

b. Unfallversicherung. Die mit der Entwickelung der Industrie sich mehrenden Betriebsunfälle hatten früher meist die beklagenswerthe Folge, daß der von dem Unfall betroffene Arbeiter, obwohl im Dienste seines Arbeitgebers verunglückt, der öffentlichen Armenpflege anheimfiel, denn der Unternehmer war nach den landrechtlichen Bestimmungen zum Schadensersatze nur verpflichtet, wenn er erweislich den Unfall verschuldet hatte. Den ersten Schritt zur Abhilfe dieser Uebelstände that das Haftpflichtgesetz vom 7. Juni 1871. Dasselbe enthielt für Eisenbahnen die sehr einschneidende Vorschrift, daß der Unternehmer, wenn bei dem Betriebe ein Mensch getödtet oder körperlich verletzt worden, für den dadurch entstandenen Schaden haftet, falls er nicht beweist, daß der Unfall durch höhere Gewalt oder durch Verschulden des Verletzten entstanden sei. Bei Bergwerks- und Fabrikunternehmern aber beschränkte sich das Haftpflichtgesetz auf die Bestimmung, daß jene auch für Verschulden ihrer Bevollmächtigten haften sollten; es liegt jedoch auf der Hand, daß hiermit den von einem Unfall betroffenen Arbeitern wenig geholfen war. Allerdings hatte dies Gesetz zur Folge, daß sich Gesellschaften zur Versicherung nicht nur gegen die Haftpflicht, sondern auch gegen Betriebsunfälle überhaupt bildeten und daß zahlreiche Arbeitgeber die von ihnen beschäftigten Arbeiter allgemein gegen Unfall versicherten. Vorausgesetzt aber war bei diesen Versicherungen, daß der Unfall nicht durch grobes Verschulden des Arbeiters entstanden, und da bei den meisten Unfällen sehr verschiedene Ursachen in oft schwer zu erkennendem Maße zusammenwirken, so erwüchsen ärgerliche Prozesse zwischen den Versicherungsgesellschaften und den Unternehmern, welche nur zu oft für die letzteren und mittelbar für die Arbeiter verloren gingen; überdem setzten die Versicherungen meist nicht Renten, sondern Kapitalentschädigung für die Verunglückten fest, und das Kapital ging, wenn auch der Prozeß gewonnen wurde, in Folge übler Wirthschaft nur zu oft verloren. Mannigfache Versuche zu gesetzgeberischen Reformen schlugen fehl, denn die Materie war neu und schwierig, gleichviel ob das Problem auf dem Boden des Civilrechts oder auf der Basis des öffentlichen Rechts gelöst werden sollte, auf welche der Bundesrath die Unfallversicherung von vornherein gestellt hatte. Erst nach Vorlage des dritten Entwurfs kam das Unfallversicherungsgesetz vom 6. Juli 1884 zu Stande. Nach diesem sind alle Arbeiter, welche in Bergwerken oder Salinen, auf Werften oder Bauhöfen, in Fabriken oder Hüttenwerken, in Betrieben, welche Dampf oder elementare Kraft anwenden, im Schornsteinfegergewerbe oder bei Maurer-, Zimmer-, Dachdecker-, Steinhauer- oder Brunnenarbeiten beschäftigt werden, gegen die Folgen der bei dem Betriebe sich ereignenden Unfälle zu versichern; dasselbe gilt von Betriebsbeamten, deren jährlicher Arbeitsverdienst 2000 M. nicht übersteigt. Diese Versicherungspflicht ist durch Gesetz vom 28. Mai 1885 auf den Betrieb des Post-, Telegraphen- und Eisenbahn-, Marine- und Heeresverwaltung, auf den Baggerei-, Fuhrwerks- und Schifffahrtsbetrieb, auf den Speditions-, Speicher- und Kellereibetrieb, sowie auf den Gewerbebetrieb der Güterpacker und Güterlader ausgedehnt. Die Versicherungspflicht ist sodann durch Gesetz vom 5. Mai 1886 auf die land- und forstwirthschaftlichen Arbeiter, durch Gesetz vom 13. Juli 1887 auf die Seeleute erstreckt. Gegenstand der Versicherung ist der Ersatz des Schadens, wenn der Unfall nicht vorsätzlich von dem Verletzten herbeigeführt worden, welcher durch Körperverletzung oder Tödtung entsteht. Die Kosten des Heilverfahrens für die ersten 13 Wochen tragen die Krankenkassen und, wenn der Verletzte nicht krankenversicherungspflichtig war, der Unternehmer; die Rente beträgt bei völliger Erwerbsunfähigkeit 2 Drittel des Arbeitsverdienstes des letzten Jahres. Im Falle der Tödtung erhält, außer den Beerdigungskosten, die Wittwe 1 Fünftel, jedes vaterlose Kind bis zum 16. Lebensjahre 3 Zwanzigstel, jedes mutterlose Kind 1 Fünftel, die Aszendenten erhalten gleichfalls 1 Fünftel des Jahresarbeitsverdienstes, wenn der Verstorbene ihr einziger Ernährer war. Träger der Versicherung sind die Berufsgenossenschaften der Unternehmer, die einen Vorstand wählen. Für die Betriebe werden Gefahrenklassen gebildet, welche für die Beiträge maßgebend sind. Für den Bezirk jeder Genossenschaft besteht ein Schiedsgericht, aus Arbeitgebern und Arbeitnehmern gebildet, dessen Vorsitzender ein ernannter Beamter ist; dies Schiedsgericht entscheidet als Berufungsinstanz über die von dem Vorstande festgesetzten Entschädigungen; gegen diese Entscheidungen geht der Rekurs an das Reichsversicherungsamt, welches theils aus ernannten Beamten, theils aus gewählten Mitgliedern besteht. Die Post zahlt die Entschädigungen aus. Die Beiträge werden im Umlageverfahren vertheilt. Ein Reservefonds wird bis zur Höhe des doppelten Jahresbedarfs angesammelt. Die Berufsgenossenschaften sind Unfallversicherungsvorschriften zu erlassen befugt. Die Verwaltung der land- und forstwirthschaftlichen Unfallversicherung erfolgt durch Organe der Selbstverwaltung. Am Schluß des Jahres 1888 bestanden 64 industrielle Berufsgenossenschaften mit 350697 Betrieben und 4320663 Versicherten, welche von 121263 Betriebsunfällen betroffen wurden, von denen 102355 den Krankenkassen, 18809 der Unfallversicherung anheimfielen und 2943 den Tod des Verletzten zur Folge hatten. In landwirthschaftlichen Betrieben waren 5576765, bei Staatsbetrieben 431803 Personen versichert. Die Gesammtausgaben betrugen 21687822 M., wovon auf Entschädigungen 9681447 M., auf Rücklagen zum Reservefonds

12 371 951 M., auf Verwaltungskosten 4918484 M. entfielen.

c. Invaliditäts- und Altersversicherung. Nachdem im Jahre 1887 „Grundzüge" aufgestellt und dem Volkswirthschaftsrathe zur Begutachtung vorgelegt waren, ging bei dem Reichstage 1888 der Gesetzentwurf ein, welcher von ihm mit nicht unwesentlichen Aenderungen angenommen wurde. Am 22. Juni 1889 ist das Gesetz bekannt gemacht. Nach demselben sind Arbeiter, Gesellen, Lehrlinge und Dienstboten, See- und Flußschiffer, Betriebsbeamte, Handlungsgehilfen und Lehrlinge, falls Gehalt oder Lohn der letzteren nicht mehr als 2000 M. fürs Jahr beträgt, versicherungspflichtig. Die Zahl der Versicherungspflichtigen ist auf 11 Millionen geschätzt. Altersrente erhält jeder Versicherte, welcher das 70. Lebensjahr zurückgelegt hat, Invalidenrente empfängt jeder Versicherte, welcher dauernd erwerbsunfähig ist. Land- oder forstwirthschaftliche Arbeiter, welche ihren Lohn durch Naturalleistungen erhalten haben, empfangen, wenn das Statut dies bestimmt, auch 2 Drittel der Rente in Naturalleistungen. Die Versicherungspflicht beginnt mit dem 17. Lebensjahre. Bedingt ist die Invalidenrente durch 5jährige, die Altersrente durch 30jährige Beitragsleistung, doch gelten 47 Wochen als ein Beitragsjahr und die Zeit des Kriegsdienstes oder bescheinigter Krankheit wird als Beitragszeit gerechnet. Für die Uebergangszeit wird ferner den Versicherten, welche in den ersten 5 Jahren nach Geltung des Gesetzes invalide werden, aber mindestens ein Jahr lang Beiträge gezahlt haben, die Zeit, welche sie in den letzten 5 Jahren in versicherungspflichtigen Betrieben beschäftigt waren, auf die Wartezeit angerechnet; desgleichen wird für die Altersrente den Versicherten, welche bei dem Inkrafttreten des Gesetzes älter als 40 Jahre, aber in den 3 vorangegangenen Kalenderjahren mindestens 3 Beitragsjahre in versicherungspflichtigen Betrieben beschäftigt gewesen sind, die Zeit, um welche sie älter als 40 Jahre sind, auf die Wartezeit angerechnet. Die Mittel zur Zahlung der Renten werden von dem Reiche, den Arbeitgebern und den Versicherten aufgebracht; das Reich leistet zu jeder Rente einen Zuschuß von 50 M., Arbeitgeber und Arbeitnehmer zahlen gleich hohe Beiträge. Die letzteren sind so zu bemessen, daß die Verwaltungskosten, die Einlagen in den Reservefonds und der Kapitalwerth der Rentenantheile gedeckt werden; es findet also theils Umlage- theils Deckungsverfahren statt. Die Abstufung der Renten erfolgt nach 4 Lohnklassen, so daß

die 1.	Klasse	ein Durchschnittslohn	von	300 M.,
„ 2.	„	„	„	500 M.,
„ 3.	„	„	„	720 M.,
„ 4.	„	„	„	960 M.

bildet. Der Jahresarbeitsverdienst wird für die land- und forstwirthschaftlichen Arbeiter, für See- und Flußschiffer von der höheren Verwaltungsbehörde, für die Mitglieder der Knappschafts-, Orts-, Fabrik-, Bau- oder Innungskrankenkassen von den Kassenvorständen festgesetzt; ev. gilt der ortsübliche Tagelohn gewöhnlicher Tagearbeiter. Der Beitrag beläuft sich für Arbeitgeber und Arbeitnehmer zusammen in den ersten 10 Jahre wöchentlich auf 14 Pf. in der 1. Klasse, 20 Pf. in der 2. Klasse, 24 Pf. in der 3. Klasse, 30 Pf. in der 4. Klasse und ist im Höchstbetrage veranschlagt:

	für Arbeitgeber	für Arbeitnehmer
in Kl. 1	auf 10 Pf.,	auf 10 Pf.,
„ „ 2	„ 17 „	„ 17 „
„ „ 3	„ 25 „	„ 24 „
„ „ 4	„ 33 „	„ 32 „.

Die Invalidenrente beträgt

	in Kl. 1	in Kl. 2	in Kl. 3	in Kl. 4
nach 5 Jahr.	117,40 M.,	124,10 M.,	131,15 M.,	140,25 M.
„ 15 „	124,10 „	152,30 „	173,45 „	201,65 „
„ 25 „	133,50 „	180,50 „	215,75 „	262,75 „
„ 35 „	142,90 „	208,07 „	258,05 „	323,85 „
„ 45 „	152,30 „	236,90 „	300,35 „	384,95 „.

Die Altersrente beträgt:

in Kl. 1	in Kl. 2	in Kl. 3	in Kl. 4
106,40 M.	136,40 M.	162,80 M.	191,00 M.

Von den Versicherten werden auf

Land- und Forstwirthschaft	etwa	4 100 000,
Gewerbe und Industrie	„	4 200 000,
Handel und Verkehr	„	770 000,

Lohnarbeit wechselnder Art	etwa	398 000,
Staats- und Gemeindedienste	"	45 000,
Dienstboten	"	1 300 000

entfallen. Die Zahl der Altersrentner ist auf 117 000 berechnet. Zur Zeit des Beharrungszustandes werden die Invalidenrenten 250 000 000 M. betragen. Erstattung der Hälfte der gezahlten Beiträge steht weiblichen Personen, welche sich verheirathen, bevor sie Rente erhalten und den nächsten Erben solcher Personen zu, welche nach 5jähriger Beitragsleistung verstorben sind. Weiterversicherung ist den Arbeitern, welche selbständig werden, und Selbstversicherung den kleinen Betriebsunternehmern gestattet, welche noch nicht älter als 40 Jahre sind; zum Zweck der Organisation sind in den Provinzen, in den Mittelstaaten und in mehreren Kleinstaaten Versicherungsanstalten errichtet; ein aus Beamten bestehender Vorstand verwalten die Anstalt; dem Vorstande steht ein Ausschuß zur Seite, welcher aus Arbeitgebern und gewählten Vertretern der Versicherten besteht; der Ausschuß setzt von 5 zu 5 Jahren die Beiträge fest; der Vorstand bestimmt die Renten; über Streitigkeiten entscheidet ein Schiedsgericht, dessen Vorsitzenden die Landesregierung ernennt und dessen Beisitzer gewählte Arbeitgeber und Vertreter der Versicherten sind; gegen die Entscheidungen des Schiedsgerichts findet Revision bei dem Reichsversicherungsamte statt. Die Erhebung der Beiträge findet in der Art statt, daß der Arbeitgeber von der Post in Höhe des Beitrages Marken kauft, die Hälfte des Beitrages aus eigenen Mitteln bestreitet, die andere Hälfte von dem Lohn in Abzug bringt und die Marken auf eine Quittungskarte klebt, welche Raum für 47 Beitragswochen gewährt und in den Händen des Versicherten bleibt. Die Auszahlung der Renten erfolgt durch die Post. Die Invaliditäts- und Altersversicherung ist mit dem 1. Januar 1891 ins Leben getreten.

Von der Produktion.

Die Produktion ist wirthschaftliche Wertherzeugung; sie wird um so wirthschaftlicher vorgenommen, je geringer die aufgewendete Mühe ist und die zu derselben verwendeten bereits vorhandenen Produkte sind; sie wirkt um so produktiver, je dringendere Bedürfnisse sie befriedigt.

Zu jeder Produktion sind als Produktionsmittel drei Dinge erforderlich: Erdboden, Arbeit und Kapital.

Unter Erdboden versteht man in volkswirthschaftlichem Sinne die der Erde innewohnende Zeugungskraft: nicht nur Wald und Weideland, sondern auch Bergwerke und Fischereien sind darunter begriffen. Die Erde bildet die Werkstätte der Vegetation, welche von der natürlichen Beschaffenheit, der Lage und der äußeren Form des Landes, dem Klima und den vorhandenen Gewässern beeinflußt wird. Von ihr hängt die Besiedelungsfähigkeit und die Fruchtbarkeit des Landes ab; für den überseeischen Verkehr ist das Land am gelegensten, dessen Küstenlänge im Verhältniß zum Flächenraume des festen Landes am ausgedehntesten ist.

Als Arbeit gilt die mit Anstrengung verbundene Mühe, welche um des wirthschaftlichen Erfolges willen Werthe zu schaffen bezweckt. Der Grund, weshalb Arbeit unternommen wird, liegt in der Nothwendigkeit, die Bedürfnisse des Menschen zu befriedigen. Jede Arbeit ist körperlicher und geistiger Natur, nur ist der Antheil des Körpers oder des Geistes bei der einen Arbeit größer als bei der anderen. Als produktiv gilt nicht nur die Arbeit, welche wie die des Schuhmachers oder Schiffbauers unmittelbar materiell nützliche Dinge hervorbringt, sondern auch die Arbeit des Erfinders, des Lehrers, des Soldaten, des Schutzmannes, welche mittelbar materiell nützliche Dinge fördert. Auch das einfachste Produkt bedarf des Zusammenswirkens mannigfacher Arbeit: um das Brot herzustellen, welches wir essen, muß der Landwirth das Getreide säen und ernten, der Berg-, Hütten- und Forstmann das Material der Ackergeräthschaften besorgen, der Schmied und Stellmacher sie herstellen, der Fuhrmann und Schiffer das Getreide befördern, der Spinner und Weber die Kornsäcke machen, der Müller das Mehl mahlen, der Töpfer den Backofen setzen u. s. w. Die Arbeit erhöht den Werth der Güter ins unglaubliche: ein Pfund Gußstahl kostet 1 M., aber zu Spiralfedern von Uhren verarbeitet, erlangt es einen Werth von 12000 M. Die Produktionskraft der

Arbeit wird durch die Arbeitstheilung vermehrt; die Vortheile der Arbeitstheilung bestehen darin, daß sie die Geschicklichkeit des einzelnen Arbeiters steigert, daß sie die Zeit spart, welche sonst bei dem Uebergehen von einer Arbeit zu der anderen verloren wird, daß sie die Erfindung von Vorrichtungen zur besseren Förderung eines bestimmten Arbeitsprozesses erleichtert, und daß sie die Anstellung jedes einzelnen Arbeiters an der geeigneten Stelle ermöglicht; dagegen wird der Arbeiter bei weit durchgeführter Arbeitstheilung einseitig, und der Tischler, welcher zeitlebens nur die Vorderbeine von Stühlen gemacht hat, ist zuletzt nicht im Stande, einen vollständigen Stuhl zu machen. Die Produktionskraft der Arbeit wird ferner durch die Geschicklichkeit, die Einsicht und die Sittlichkeit der Arbeiter gefördert, denn ein Arbeiter, dem die erforderliche Gewandtheit fehlt, der lediglich mechanische Verrichtungen versteht oder dem Trunk ergeben ist, macht offenbar schlechte Arbeit. Auch Maschinen und Werkzeuge, ohne welche auch die einfachste Arbeit nicht geleistet werden kann, verstärken die Produktionskraft der Arbeit um so mehr, je bequemer sie zu handhaben und je wirksamer sie sind; sie ersetzen entweder, wie die Dreschmaschine, die menschliche Muskelkraft theilweise oder ganz, oder sie verrichten, wie die für einen Kourierzug erforderliche Triebkraft, Arbeiten, zu denen menschliche Körperkraft allein nicht im Stande sein würde. Arbeiten, welche zum Ersatz unproduktiver Konsumtion geleistet werden, bereichern das Nationalvermögen nicht: wenn z. B. ein Ladenbursche eine große Scheibe zerschlagen hat, so erhält zwar der Glaser Vortheil, der die neue Scheibe für 5 M. einsetzt, aber der Ladeninhaber und der Schuhmacher, von welchem jener sonst ein Paar neue Schuhe, die er brauchte, für 5 M. gekauft hätte, hat Schaden, so daß es ein thörichtes Gerede ist, wenn die Leute in einem solchen Falle sagen: „es hat doch sein Gutes, denn was sollte aus den Glasern werden, wenn die Scheiben ewig ganz blieben."

Kapital ist derjenige Theil des Vermögens, der aufgespart worden, um einer künftigen Vermögensproduktion Beistand zu leisten. Zum Kapital gehören Grundstücksverbesserungen, welche aufgewendet sind, um ein Grundstück brauchbar oder noch brauchbarer zu machen, ober- oder unterirdische Baulichkeiten, Werkzeuge und Maschinen, Verwandelungsstoffe, welche entweder, wie die Saat, Hauptstoffe oder, wie die Farbe, Nebenstoffe sind oder, wie Dünger bei den Feldfrüchten, zu den Hilfsstoffen gerechnet werden; ferner Unterhaltsmittel, welche, wie Kleider, zur Erhaltung des Produzenten während der Dauer der Produktion dienen, und die für den Verkehr bereit zu haltenden Tauschvorräthe, wie z. B. Waarenvorräthe. Kapital und Geld sind keineswegs gleichbedeutend, denn Geld ist, wie bemerkt, Werthmesser und Tauschmittel. Das Kapital dient entweder als Erwerbskapital, wenn es zur Schaffung neuer Produkte verwendet wird, oder als Gebrauchskapital, wenn man es unmittelbar zur Befriedigung von Bedürfnissen verbraucht. Das Kapital ist entweder stehendes, wenn es, wie Gebäude, durch den Gebrauch nur abgenutzt wird und bei der Benutzung zur Produktion weder seine Gestalt ändert, noch den Besitzer wechselt, oder das Kapital ist, wie Saat und Mastvieh, umlaufendes und kann von seinem Besitzer nur einmal zur Produktion verwendet werden. Das Kapital wird durch Ersparnisse vermehrt und durch unproduktiven Verbrauch vermindert. Unter Lohnfonds versteht man denjenigen Theil des Kapitals, welcher für Löhne verausgabt wird, aber nur der Theil des Lohnfonds ist Kapital, welcher die produktive Arbeit unterhält. Luxus ist jede Ausgabe, welche das Ueberflüssige auf Kosten des Nothwendigen beschafft; aber der Begriff des Luxus ist relativ; vor hundert Jahren war Kafe ein Luxus, heute ist er es bei dem gehobenen standart of life, bei dem gehobenen Lebensstand nicht. Wie sich der Lebensstand gehoben hat, geht daraus hervor, daß in Preußen auf den Kopf der Bevölkerung 1806 an Fleisch 33 Pfund, an Wein $^3/_4$ Quart, an Zucker $1^1/_2$ Pfund, an Kafe 0,66 Pfund, an Baumwollenwaaren 0,75 Ellen; im Jahre 1849 aber an Fleisch 40 Pfund, an Wein 2 Quart, an Zucker 7 Pfund, an Kafe 4 Pfund, an Baumwollenwaaren 16 Ellen verbraucht wurden. Der Zweck jedes Kapitals ist Verbrauch zu künftiger Produktion und das Kapital behauptet sein Dasein, wie die Bevölkerung, nicht durch Erhaltung, sondern durch Reproduktion.

Von dem Umlauf der Güter.

Den Umlauf der Güter von den Produzenten an die Konsumenten besorgt der Handel durch den Austausch der Güter, deren Tauschwerth er im Preise ausdrückt; er braucht als Umlaufsmittel das Geld und den Kredit auf den vorhandenen Kommunikationswegen. Die Umlaufsfähigkeit der Güter hängt von ihrer Transportfähigkeit, von dem günstigen Verhältniß ihres Werths zu ihrem Gewicht und Umfang, so wie von der Leichtigkeit ab, mit welcher sie Abnehmer finden. Je umlauffähiger die Güter werden, desto mehr entwickelt sich der Güterumlauf und desto größer werden die Verkehrsmittel; je mehr Personen sich mit dem Güterumlauf beschäftigen, desto größer wird die Konkurrenz, deren Ziel es ist, die Güter und deren Umlauf besser und billiger zu machen und durch erhöhte Leistung die Konkurrenten zu überflügeln, hierdurch aber für immer bessere Befriedigung der Konsumenten zu sorgen und die Kundschaft bei diesen zu erweitern.

Bei Bestimmung des Werths eines Gegenstandes muß man diesen mit einem anderen Gegenstande, gegen den er sich austauschen läßt, vergleichen; der Begriff Werth schließt deshalb den Vergleich einer Sache mit einer anderen in sich; wenn man ein Pfund Thee gegen vier Pfund Fleisch eintauschen kann, so ist der Werth von einem Pfund Thee gleich dem Werth von vier Pfund Fleisch.

Preis ist der in Geld geschätzte Gegensatz für den Tauschwerth einer Sache. Unter Marktpreis versteht man den gewöhnlich erzielten Tauschwerth einer Sache. Durchschnittsmarktpreis ist der aus mehreren Marktpreisen abgeleitete mittlere Preis. Bestimmt wird der Preis durch Angebot und Nachfrage, durch die wechselseitige Konkurrenz der Käufer und Verkäufer. Der Verkäufer bietet an, der Käufer fragt nach. Der Käufer zieht bei der Nachfrage den Gebrauchswerth des Guts, nach dem er fragt, die Möglichkeit anderweiter Beschaffung des Guts und seine Zahlungsfähigkeit in Betracht; der Verkäufer berücksichtigt bei dem Angebot die Produktionskosten und den Gebrauchswerth der Sache für den Käufer, den Tauschwerth derselben für andere

Käufer, den Marktpreis und die Kosten der anderweiten Beschaffung der Sache für den Verkäufer.

Der Preis ist veränderlich. Er steigt mit dem Gebrauchswerth der Sache für den Käufer, mit den Produktionskosten derselben für den Verkäufer; er fällt mit dem Gebrauchswerth, welchen die Sache für den Käufer hat, mit den Produktionskosten, welche die Sache für den Verkäufer hat, und mit der Zahlbarkeit des Verkäufers. Diese Gründe kommen bei Angebot und Nachfrage zum Ausdruck. Der Preis geht aber auf die Dauer unter die nothwendigen Produktionskosten nicht hinunter. Das Angebot läßt dann nach und hört, wenn es sich um entbehrliche Güter handelt, auf; oder der Preis wird, wenn es sich um unentbehrliche Güter handelt, erhöht. Die Erhöhung tritt jedoch nicht ein, wenn die unentbehrlichen Güter anderweit für einen niedrigeren Preis beschafft werden können, so daß dann der Produzent entweder die Produktion einstellt, oder, falls das nicht angeht, die Produktionsanstalt auf einen Anderen, unter Ermäßigung des Erwerbspreises derselben, überträgt. Die Erweiterung, so wie die Einschränkung oder die Umwandlung der Produktion gewerblicher Erzeugnisse ist eher ausführbar, als die von landwirthschaftlichen Erzeugnissen, die Einstellung der Produktion bei den letzteren sogar kaum ausführbar, und die Umwandlung nur zu bewerkstelligen, wenn der Produzent in der Lage sich befindet, sich mit dem geringeren Nutzen, den die umgewandelte Produktion, z. B. bei Acker in Weideland, gewährt, zu begnügen.

Die Nachfrage nach leicht entbehrlichen Genußmitteln, z. B. Citronen, vermindert sich bei abnehmendem Angebot und in Folge dessen steigendem Preise ohne wesentliche Beeinträchtigung der Konsumenten. Ebenso erfolgt die Einschränkung im Gebrauch leicht entbehrlicher gewerblicher Erzeugnisse nach eingetretener Preiserhöhung ohne größere Schwierigkeit. Dagegen fällt die Einschränkung im Verbrauch nothwendiger Genußmittel, gleichviel ob sie landwirthschaftlicher oder gewerblicher Natur sind, schwerer und die Einstellung des Verbrauchs ist ebenso unmöglich, wenn der enorme Preis, welcher von dem äußerst sparsamen Angebot gefordert wird, für die große Mehrzahl unerschwinglich ist. In solchem Falle muß daher durch Zufuhr der nothwendigen Genußmittel aus dem Auslande der Bedarf gedeckt und in Folge dessen der unerschwingliche Preis ermäßigt werden. Die Kommunikationsmittel des Weltverkehrs sorgen dafür, daß das Angebot überall die Nachfrage befriedigt, indem die Produktion dem Bedarf Genüge thut und der Preis sich nach dem Weltmarktverkehr regelt.

Mit den Fortschritten der wirthschaftlichen Kultur werden die Preise stetiger und die Preisschwankungen geringer, weil die Umlauffähigkeit der Güter größer, die Kommunikation besser, die Konkurrenz freier wird, der Umsatz der Waaren mit mehr Kenntniß des Vorraths und Bedarfs erfolgt und der Handel ausgedehnter wird, so daß Angebot und Nachfrage sich wirksamer ausgleichen können, als zur Zeit wenig fortgeschrittener wirthschaftlicher Kultur. Starke Preisschwankungen stören die gesammte Preisordnung und machen die Produktion wirthschaftlich unsicher. Ein wirthschaftlich günstiger Preisstand läßt sich aber nicht willkürlich herbeiführen, und obrigkeitliche Taxen sind für den freien Verkehr zweckwidrig. Gerechtfertigt dagegen erscheinen sie, wenn auf Seiten Desjenigen, der Zahlung fordert, ein monopolartiger Betrieb vorliegt, wenn der Staat im öffentlichen Interesse und zum Schutz des Publikums den von ihm zugelassenen Personen, wie Notaren und Rechtsanwalten, die Einhaltung einer Gebühr vorschreibt, wenn das Angebot nur von Konzessionirten, wie Apothekern, erfolgen darf, wenn Transportgewerbetreibende, wie Eisenbahngesellschaften, den ausschließlichen Betrieb einer Transportlinie inne haben, wenn das Publikum, wie bei Gastwirthen, öffentlichen Fuhrwerken und Lohnbedienten, im Nothfalle keine Auswahl unter den Konkurrenten hat.

Handelsstatistik.

Der Handel jedes Landes besteht aus Einfuhr, Ausfuhr und Durchfuhr von Waaren, und die Gegenstände des Handels, wie der Werth der ein- und ausgeführten Waaren sind charakteristisch für das betreffende Land und dessen Handel.

In den **Vereinigten Staaten von Nordamerika** betrug 1889 der Werth der Einfuhr an Zucker 93, an Kafe 75, an Wollwaaren 53, an Eisenwaaren 43, an Chemikalien 39, an Seidenwaaren 35, an Baumwollenwaaren 27, an Häuten 25, an Rohseide 19, an Früchten 19, an Watte 18, an Zinnwaaren 15, an Thee 13, an Kautschuk 12, an Metallwaaren 11, an Lederwaaren 11, an Holzwaaren 11, an Tabak 11 Millionen Dollars (= 4,20 M.) Der Werth der **Ausfuhr** belief sich für Baumwollen auf 238, für Getreide auf 124, für Fleisch auf 90, für Petroleum auf 50, für Eisenwaaren auf 21, für Erz auf 21, für Tabak auf 19, für Thiere auf 18, für Lederwaaren auf 11, für Butter und Käse auf 10, für Baumwollenwaaren auf 10 Millionen Dollars. Die **Hauptverkehrsländer** der Vereinigten Staaten sind Großbritannien, Deutschland, Frankreich und Belgien.

In **Belgien** betrug 1888 die **Einfuhr** an Getreide 293, an Flachs und Werg 70, an Holz 70, an Chemikalien 69, an Wolle 67, an Thieren 66, an Harzen 65, an Häuten 64, an ölhaltigem Samen 46, an Kafe 44, an Eisenwaaren und Eisen 36, an Käse und Butter 33, an Baumwolle 25, an Fett 24, an Drogen 24, an Wein 23, an Reis 20, an Wollgewebe 20, an Fleisch 17, an Futter 18, an Oel 18, an Baumwollgeweben 17 Millionen Franc (= 0,80 M.) Die **Ausfuhr** belief sich für Getreide auf 91, für Kohle auf 79, für Leinengarn auf 75, für Häute auf 62, für Weine auf 59, für Eisenwaaren auf 57, für Wollgarn auf 56, für Flachs auf 52, für Maschinen auf 52, für Glaswaaren auf 46, für Zucker auf 35, für Chemikalien auf 29, für Zink auf 28, für Papier auf 27, für Wollgewebe auf 25, für Fett auf 23, für Thiere auf 21, für Baumwollgewebe auf 20, für ölhaltigen Samen auf 19, für Erze auf 18, für Leinengewebe auf 18, für Eisen auf 17, für Futter auf 17, für Fleisch auf 16, für Lumpen auf 14, für Holz auf 14 Millionen Franc. Die **Hauptverkehrsländer** Belgiens sind Frankreich, Deutschland, die Niederlande und England.

In **Brasilien** betrug 1887 die **Ausfuhr** an Kafe 467½, an Zucker 40½, an Baumwolle 73¾, an Tabak 15½, an Fetten 13½, an Gummi 13 Millionen Franc.

In China betrug 1889 die Einfuhr an Opium 30, an Baumwollgewebe 23, an Baumwollgarn 13 Millionen Taëls (1 Taëls = 6 M.); die Ausfuhr belief sich für Rohseide auf 29, für Thee auf 28, für Seidenwaaren auf 8 Millionen Taëls.

Dänemark hatte 1888 eine Einfuhr an Getreide für 28, an Metallwaaren für 22, an Wollgeweben für 20, an Steinkohle für 18, an Baumwollgeweben für 16, Butter und Schmalz für 13, Holz für 12 Millionen Kronen (= $1^1/_8$ Mk.) Die Ausfuhr betrug an Butter 51, an Speck und Schinken 50, an Thieren 30, an Getreide 15 Millionen Kronen. Die Hauptverkehrsländer Dänemarks sind Großbritannien und Deutschland.

In Frankreich betrug 1888 der Werth der Einfuhr an Wein 384, an Getreide 366, an Wolle 371, an Seide 292, an Häuten 180, an Baumwolle 203, an Holz 173, an Oelsamen 155, an Kohle 212, an Kafe 145, an Thieren 86, an Chemikalien 86, an Zucker 65, an Flachs 57, an Wollgeweben 68, an Tafelfrüchten 64, an Seidengeweben 58, an Maschinen 44, an Fleisch 46 Millionen Franc (= 0,80 M.) Die Ausfuhr belief sich für Wollgewebe auf 364, für Wein auf 251, für Seidengewebe auf 261, für Häute auf 175, für Lederwaaren auf 135, für Wolle auf 169, für Seide auf 139, für Baumwollengewebe auf 116, für Pariser Artikel auf 145, für Butter und Käse auf 111, für Thiere auf 99, für Konfektionswaaren auf 103, für Metallwaaren auf 85, für Likör auf 67, für Zucker auf 121, für Bijouterien auf 58, für Chemikalien auf 49, für Wollgarn auf 55, für Maschinen auf 42, für Lumpen auf 37, für Modewaaren auf 36 Millionen Franc. Die Hauptverkehrsländer Frankreichs sind Großbritannien, Belgien, Deutschland, Spanien, die Schweiz, Italien, Rußland und Oesterreich-Ungarn.

Deutschland führte 1889 ein: Getreide für 348, Wolle für 321, Baumwolle für 280, Drogen für 243, Kafe für 199, Rohseide für 176, Vieh für 170, Holz für 149, Häute und Felle für 136, Wollgarn für 113, Kohle für 82, Petroleum für 90, Flachs und Hanf für 82, Tabakblätter für 70, Kupfer für 60, Baumwollengarn für 58, Fische für 54, Abfälle für 48, Schmalz für 48, Eisen für 46, Kurzwaaren für 41,

Eier für 41 Millionen Mark. Die Ausfuhr betrug für Wollwaaren 247, für Drogen 235, für Seidenwaaren 202, für Zucker 162, für Eisenwaaren 154, für Lederwaaren 125, für Instrumente und Maschinen 124, für Kleider 113, für Kohle 112, für Eisen 107, für Papier 86, für Kurzwaaren 84, für Bücher und Kunstsachen 79, für Häute und Felle 65, für Wollen 51, für Holzwaaren 46, für Flachs und Hanf 44, für Leder 44, für Wollgarn 43, für Rohseide 42, für Glaswaaren 37, für Mehl und Getreide 34. Die Hauptverkehrsländer Deutschlands sind Oesterreich-Ungarn, Frankreich, England, die Vereinigten Staaten Nordamerika's, Rußland, Belgien, Schweden und Norwegen, die Schweiz.

In Griechenland betrug 1889 die Einfuhr: an Getreide und Reis 45, an Garnen und Geweben 27, an Thieren und thierischen Nahrungsmitteln 15, an Mineralien und Metallen 9 Millionen Drachmen (= 0,80 M.) Die Ausfuhr belief sich für Korinthen auf 56, für Blei auf 8, für Zink auf 7, für Oel auf 6, für Thiere und animalische Nahrungsmittel auf 6 Millionen Drachmen. Die Hauptverkehrsländer Griechenlands waren Großbritannien, Frankreich, Rußland, die Türkei und Oesterreich-Ungarn.

In Großbritannien und Irland betrug 1889 die Einfuhr: an Getreide 51, an Baumwolle 46, an Wolle 29, an Zucker 23, an Holz 21, an Butter und Käse 18, an Fleisch 13, an Seidenwaaren 12, an lebenden Thieren 11, an Thee 10, an Wollwaaren 10, an Chemikalien 9, an Früchten 7, an Häuten und Fellen 7, an Leder 7, an Kupfer 6, an Wein 6, an Jute 5, an Leinsamen 4, an Kafe 4 Millionen Pfund (= 20 M.) Die Ausfuhr belief sich für Baumwollengewebe auf 59, für Eisenwaaren auf 32, für Wollgewebe auf 21, für Maschinen auf 15, für Kohlen auf 15, für Baumwollgarn auf 12, für Leinengewebe auf 6, für Chemikalien auf 5, für Kleidung auf 5, für Wollgarn auf 4, für Lederwaaren auf 4, für Jutewebereien auf 3 Millionen Pfund. Die Hauptverkehrsländer Englands waren die Vereinigten Staaten Nordamerikas, Frankreich, Deutschland, die Niederlande, Belgien, Rußland, Spanien, Argentinien.

Italien hatte 1889 eine Einfuhr von Getreide für 213, von Baumwolle für 112, von Kohle für 108, von Seide für 85, von Eisen für 77, von Baumwollgewebe für 47, von Maschinen für 43, von Thieren für 41, von Häuten für 40, von Fischen für 31, von Holz für 31, von Kafe für 30, von Wolle für 30, von Zucker für 27, von Seidengeweben für 26, von Tabak für 20, von Gummi und Glas für 18, von Butter und Käse für 17, von Chemikalien für 16, von Petroleum für 15, von Kupfer, Messing und Bronce für 15, von Leinengarn für 14 Millionen Lire (= 0.80 M.). Die Ausfuhr betrug für Seide 333, für Olivenoel 66, für Wein 53, für Weinstein 24, für Hanf 23, für Schwefel 23, für Früchte 22, für Seidengewebe 20, für Baumwolle 20, für Häute 19, für Butter und Käse 18, für Marmor und Alabaster 16, für Thiere 15, für Holzwaaren 15, für Strohwaaren 13, für Zinkerze 11 Millionen Lire. Die Hauptverkehrsländer Italiens sind England, Frankreich, die Schweiz, Deutschland, Oesterreich-Ungarn und Rußland.

Japan hatte 1888 eine Einfuhr von Baumwollengarn für 14, von Zucker für 7, von Wollstoffen für 5, von Baumwollstoffen für 5, von Maschinen und Instrumenten für 5, von Eisen für 4, von Petroleum für 4 Millionen Yens (= 4 M.). Die Ausfuhr betrug von Seide 28, von Reis 7, von Thee 6, von Kohle 3, von Fischen 2 Millionen Yens. Die Hauptverkehrsländer Japan's sind England, China, Frankreich und Deutschland.

In den Niederlanden betrug 1889 die Einfuhr an Genuß- und Nahrungsmitteln 370, an Rohstoffen 306, an Fabrikaten 185, an verschiedenen Waaren 379 Millionen Gulden (= 1.70 M.). Die Ausfuhr betrug an Genuß- und Nahrungsmitteln 340, an Rohstoffen 190, an Fabrikaten 182, an verschiedenen Waaren 366 Millionen Gulden. Die Hauptverkehrsländer waren Deutschland, England, Belgien, Ostindien, Rußland.

In Oesterreich-Ungarn belief sich die Einfuhr 1888 von Baumwolle auf 52, von Wolle auf 38, von Kafe auf 35, von Kohle auf 33, von Tabak auf 29, von Juwelierwaaren auf 16, von Wollgarn auf 16, von Seide auf 16, von Häuten auf 14, von Maschinen auf 14, von Leder auf 13, von Seidenwaaren auf 10, von Büchern auf 10, von Vieh auf 10, von Wollwaaren auf 10, von Reis auf 8, von Südfrüchten auf 7, von Eisenwaaren auf 6 Millionen Gulden (= 2 M.). Die Ausfuhr betrug für Getreide 125, für Holz 58, für Zucker 51, für Vieh 26, für Wollwaaren 25, für Kohlen 25, für Lederwaaren 22, für Wein 22, für Wolle 19, für Glas 17, für Holzwaaren 15, für Papier 14, für Federn 12, für Eier 12, für Seide 10, für Eisenwaaren 10, für Hülsenfrüchte 10, für Seidenwaaren 9, für Baumwolle 9, für Tabak 8, für Fächer 8, für Leinengarn 8, für Häute 8 Millionen Gulden. Die Hauptverkehrsländer Oesterreich-Ungarns sind Deutschland, die Schweiz, Italien, Rußland, die Türkei.

Persien führte 1888 ein: Baumwollenwaaren für 504, Perlen für 427, Thee für 79, Zucker für 68, Korn und Hülsenfrüchte für 62, Garn für 48, Wollwaaren für 42, Indigo für 35, Metalle für 26, Kafe für 20, Gewürze für 19, Tabak für 18 Tausend Ł. (= 20 M.). Die Ausfuhr betrug für Perlen 294, für Opium 276, für Baumwollenwaaren 103, für Korn und Hülsenfrüchte 87, für Baumwolle 68, für Tabak 55, für Wollwaaren 40, für Drogen 31, für Früchte und Pflanzen 29, für Datteln 25, für Wolle 19 Tausend Ł.

In Portugal betrug 1889 die Einfuhr an Baumwollengeweben $3^1/_2$, an Getreide $3^1/_8$, an Eisen $2^1/_2$, an Wollgeweben, Stockfisch und Kohlen je 2, an Zucker 1.9, an Thieren 1.7, an Meersalz 1.6, an Seidengeweben 1.3, an Baumwolle 1.2, an Häuten und Fellen, Wolle und Eisenbahnmaterial je 1.1 Millionen Milreïs (=4.54 M.). Die Ausfuhr belief sich für Wein auf 12, für Kork auf 3, für Kupfer auf 1 Million Milreïs. Die Hauptverkehrsländer Portugals sind England, Frankreich, Deutschland, Spanien, Belgien.

Rumänien führte 1889 ein: Früchte und Gemüse für 22, Thiere und thierische Nahrungsmittel für 9, Brennstoffe für 6, Mineralien, Thon- und Glaswaaren für 18, Metalle und Metallwaaren für 62, Häute, Leder und Lederwaaren für 19, Holz und Holzwaaren für 7, Spinnstoffe, Garne und Gewebe für 169, Papier für 14, Chemikalien für 9, Harze, Fette und Oele für 18 Millionen Lëi (= 0.80 M.). Ausgeführt wurden: Getreide für 239, Früchte und Gemüse für 10, Getränke, Holz und Holzwaaren, Spinnstoffe, Garne und Gewebe für je 4, Thiere und thierische Nahrungsmittel für 5 Millionen Lei. Die Hauptverkehrsländer Rumäniens waren England, Deutschland, Oesterreich-Ungarn, Belgien, Frankreich, Italien, die Schweiz.

An Rußlands europäischer Grenze wurden 1889 eingeführt: Getränke und Spiritus für 9, Thee und Kafe für 20, Tabak für 3, Obst und Gemüse für 1, verschiedene Lebensmittel für 6, Steinkohlen für 15, Rohmetalle für 24, Häute, Leder und Pelzwaaren für 12, Spinnstoffe und Garne für 127, Holz für 5, Farben für 16, andere Waaren für 43, Glas und Thonwaaren für 3, Gewebe, Kleider und Seilerwaaren für 10, Metallwaaren und Maschinen für 38, verschiedene Fabrikate für 24 Millionen Rubel (= 2.33 M.); die Einfuhr an der asiatischen Grenze betrug: für Thee 18, für Spinnstoffe 10, für Häute und Pelzwerk, für Früchte und Gemüse 4, für Getreide 2, für andere Waaren 11 Millionen Rubel. Die Ausfuhr an der europäischen Grenze stellte sich: für Getreide auf 352, für Getränke und Spiritus auf 6, für Tabak auf 1, für Zucker auf 14, für verschiedene Lebensmittel auf 24, für Rohmetalle auf 2, für Leinsaat auf 45, für Häute, Leder und Pelzwaaren auf 11, für Haare und Borsten auf 13, für Spinnstoffe und Garne auf 109, für Holz auf 55, für mineralische Oele auf 6, für andere Waaren auf 12, für Gewebe, Kleider und Seilerwaaren auf 10, für Metallwaaren und Maschinen auf 2, für verschiedene Fabrikate auf 9 Millionen Rubel; die Ausfuhr an der asiatischen Grenze betrug: für Gewebe $2^1/_2$, für Spinnstoffe 3, für Getreide 18, für andere Waaren 37 Millionen Rubel. Die Hauptverkehrsländer Rußlands waren England, Deutschland, Frankreich, Oesterreich-Ungarn, die Vereinigten Staaten Nordamerika's.

Schweden führte 1888 ein: Getreide für 28, gegohrene Getränke für 8, Kolonialwaaren für 40, Tabak für 9, Thiere und thierische Nahrungsmittel für 17, Kohlen für 19, Metalle für 10, Häute für 13, Spinnstoffe für 23, mineralogische Stoffe für 8, Metallwaaren für 14, Textilwaaren für 63, Maschinen, Schiffe und Wagen für 14, andere Fabrikate für 9, Dünger für 4, Drogen für 3, Oele und Fette für 12 Millionen Kronen (= $1.12^1/_2$ M.). Ausgeführt wurden: Getreide für 18, Thiere und thierische Nahrungsmittel für 50, Metalle für 30, Holz für 110, mineralische Stoffe für 4, Metallwaaren für 4, Textilwaaren für 7, Papier für 24, andere Fabrikate für 18 Millionen Kronen. Die Hauptverkehrsländer Schwedens sind Großbritannien, Deutschland, Dänemark, Norwegen und Rußland.

In Norwegen betrug 1889 die Einfuhr: an Getreide 34, an Kolonialwaaren 21, an Thieren und thierischen Nahrungsmitteln 13, an Textilwaaren 29, an Kohlen 11, an Metallen 9, an Häuten 6, an Spinnstoffen 7, an Holz 4, an Mineralstoffen 5, an Oelen 7 Millionen Kronen (= 1.12½ M.) Die Ausfuhr belief sich für Thiere und thierische Nahrungsmittel auf 45½, für Häute auf 7, für Holz auf 37, für Textilwaaren auf 5, für Holzwaaren auf 14 Millionen Kronen. Die Hauptverkehrsländer Norwegens sind Großbritannien, Deutschland, Schweden und Rußland.

In der Schweiz betrug 1889 die Einfuhr: an Getreide 97, an Seidengarn 88, an Rohseide 61, an Thieren 47, an Baumwolle 45, an Wollwaaren 42, an Wein 33, an Kleidung 27, an Kohlen 27, an Baumwollwaaren 26, an Eisen 23, an Chemikalien 21, an Zucker 18, an Seidenwaaren 16, an Maschinen und Fahrzeugen 16, an Kafe 14, an Wolle 14, an Eisenwaaren 13, an Holz 11, an Leder 11, an Lederwaaren 10 Millionen Franc (= 0.80 M.). Die Ausfuhr belief sich für Seidenwaaren auf 129, für Baumwollwaaren auf 129, für Uhren auf 99, für Seidengarn auf 75, für Käse auf 39, für Baumwollgarn auf 25, für Maschinen und Fahrzeuge auf 22, für Thiere auf 16, für Rohseide auf 11, für Wollgarn auf 11, für Milch auf 10, für Gold- und Silberwaaren auf 9, für Häute auf 8, für Kleidung auf 7 Millionen Franc. Die Hauptverkehrsländer der Schweiz sind Deutschland, Frankreich, Italien, Großbritannien, Oesterreich-Ungarn und die nordamerikanischen Vereinigten Staaten.

Serbien führte 1889 ein: Kolonialwaaren für 3.7, Häute, Leder und Kautschuk für 2.6, Wolle und Wollwaaren für 2.4, Fette und Oele für 2, Holz und Holzwaaren für 2, Metalle für 2.8, Steine, Thon- und Glaswaaren für 3.5, Chemikalien für 1, Baumwolle und Leinenwaaren für 6.6,

Kurzwaaren für 1, Kleidung für 2.5 Millionen Dinar (= 0,80 M.). Die Ausfuhr betrug: an Ackergeräthen 14, an Nahrungsmitteln und Getränken 2.2, an Thieren und thierischen Erzeugnissen 16, an Häuten, Leder und Kautschuk 3, an Holz und' Holzwaaren 1.7 Millionen Dinar. Die Hauptverkehrsländer Serbiens sind Oesterreich-Ungarn und Großbritannien.

In Spanien belief sich die Einfuhr 1888: für Baumwolle auf 57, für Weizen auf 44, für Kohlen auf 31, für Holz auf 30, für Zucker auf 29, für Stockfische auf 25, für Wollwaaren auf 25, für Maschinen auf 22, für Tabak auf 21, für Eisen auf 19, für Thiere auf 18, für Petroleum auf 17, für Häute auf 16, für Leinengarn auf 15, für Chemikalien auf 14, für Eisenbahn- und Schiffsmaterial auf 13, für Kakao auf 13, für Seidenwaaren auf 13, für Baumwollwaaren auf 11 Millionen Pesetas (= 0.80 M.). Die Ausfuhr betrug an Wein 294, für Kupfer 60, für Eisen 45, für Blei 44, für Kork 21, für Orangen 19, für Rosinen 17, für Thiere 17, für Wolle 16, für Schuhwaaren 13, für Olivenoel 10, für Weintrauben 9 Millionen Pesetas. Die Hauptverkehrsländer Spaniens sind Frankreich, Großbritannien, Amerika und Deutschland.

Die Türkei führte 1889 ein: Getreide für 189, Leinwand für 169, Zucker für 126, Pikeestoff für 97, Kafe für 95, Baumwollengarne für 92, Woll- und Baumwollstoffe für 68, Reis für 65, Thiere für 62, Häute und Felle für 53, Petroleum für 51, Drogen für 48, Butter und Käse für 33, Tuche für 32, Eisen für 29, Kasimir für 26, Papier für 25, Kleidungsstücke für 21, Holz für 20, Kurzwaren für 20 Millionen Piaster (= 0,18 M.). Die Ausfuhr betrug für Trauben 200, für Getreide 134, für Opium 80, für Rohseide 80, für Mohair 60, für Wolle 56, für Melonen 54, für Kafe 54, für Feigen 42, für Olivenöl 41, für Baumwolle 37, für Kakao 33, für Drogen 33, für Erze 29, für Thiere 27, für Teppiche 20, für Datteln 18, für Sämereien 16, für Wein 15, für Hülsenfrüchte 15, für Butter und Käse 15, für Obst 14, für Haselnüsse 14, für Sesam 14 Millionen Piaster. Die Hauptverkehrsländer der Türkei sind Großbritannien, Frankreich, Oesterreich-Ungarn und Rußland.

Die Einfuhr, wie die Ausfuhr enthält entweder ein Produkt von Ackerbau, Viehzucht, Fischerei, Wald- oder Bergbau, also Naturprodukte, oder ein Produkt der Industrie. Unter diesem Gesichtspunkte entstehen folgende Reihen der verschiedenen Staaten, welche für ihre Stellung als Industriestaaten bezeichnend sind.

Einfuhr

Natur- Produkte	vom Hundert	Industrie- Produkte	vom Hundert
Japan	34	Frankreich	7
Türkei	52	Belgien	11
Amerika (V.-St.)	54	England	12
China	56	Deutschland	16
Persien	56	Italien	18
Dänemark	59	Spanien	26
Schweiz	59	Oesterreich	29
Griechenland	62	Portugal	35
Portugal	65	Griechenland	38
Oesterreich	71	Dänemark	41
Spanien	74	Schweiz	41
Italien	82	China	44
Deutschland	84	Persien	44
England	88	Amerika (V.-St.)	46
Belgien	89	Türkei	48
Frankreich	93	Japan	66

Ausfuhr

Natur- Produkte	vom Hundert	Industrie- Produkte	vom Hundert
England	8	Griechenland	0
Schweiz	14	Portugal	0
Deutschland	28	Spanien	2
Frankreich	43	Dänemark	6
Belgien	57	Amerika (V.-St.)	7
Oesterreich	76	Japan	7
China	81	Italien	9
Italien	81	Türkei	10
Persien	83	Persien	17

Türkei	90	China	19
Amerika (V.-St.)	92	Oesterreich	24
Japan	93	Belgien	43
Dänemark	94	Frankreich	57
Spanien	98	Deutschland	72
Griechenland	100	Schweiz	86
Portugal	100	England	92

Allerdings ist nicht jede Reihe und für jedes Land dafür beweisend, ob das Land ein Industriestaat ist, denn die gegebenen Zahlen betreffen nur die Einfuhr und Ausfuhr, enthalten aber nichts darüber, wie viel eigene Industrieerzeugnisse im Inlande verbraucht sind. Amerika z. B. führt viel Industrieerzeugnisse ein und nur wenige aus, aber ein erheblicher Theil seines industriellen Bedarfs wird im Inlande produzirt und hiezu dient eine Menge der eingeführten Naturprodukte. Die Schweiz, eines der industriereichsten Länder, führt viel Industrieprodukte ein, steht gleichwohl aber an der Spitze der Exportindustrieländer, denn ein großer Theil der eingeführten Industrieerzeugnisse sind Halbfabrikate und dienen dem Veredelungsverkehr. In Deutschland wird der hohe Prozentsatz der Exportindustrie durch die große, durch Prämien geförderte Ausfuhr von Zucker und durch den bedeutenden, von den Kartellen ermöglichten Export von Chemikalien, Eisenwaaren und Maschinen erklärlich. In Frankreich enthält die hohe Importziffer von Naturprodukten nicht nur die bedeutende Einfuhr von Getreide und Wolle, Seide und Baumwolle, Häuten und Holz, Oelsamen, Kohle und Kafe, sondern wird auch durch die Einfuhr von Wein beeinflußt, welche die Höhe von 384 Millionen Franc erreicht hat, nachdem ein großer Theil der französischen Weinberge durch die Reblaus verwüstet ist.

Die Getreide-Ein- und Ausfuhr der verschiedenen Länder ist wie folgt berechnet. Ausgeführt ist Getreide im letzten Berichtsjahre von:

Oesterreich-Ungarn	für 250	Mill. M., pr. Kopf der Bev.	$5^1/_2$	M.,
Rußland	„ 853	„ „ „ „ „ „	$7^1/_2$	„
Amerika (V.-St.)	„ 487	„ „ „ „ „ „	8	„
Bulgarien	„ 50	„ „ „ „ „ „	17	„
Rumänien	„ 189	„ „ „ „ „ „	33	„

Eingeführt ist Getreide in:

der Türkei	für	9	Mill. M.,	pr. Kopf der Bev.	0.80	M.,
Norwegen	"	40	" "	" " " "	$1^{3}/_{4}$	"
Spanien	"	35	" "	" " " "	2	"
Schweden	für	11	" "	" " " "	$2^{1}/_{2}$	"
Portugal	"	15	" "	" " " "	3	"
Italien	"	170	" "	" " " "	$5^{1}/_{2}$	"
Dänemark	"	14.7	" "	" " " "	$7^{1}/_{3}$	"
Deutschland	"	350	" "	" " " "	$7^{1}/_{3}$	"
Frankreich	"	293	" "	" " " "	$7^{2}/_{3}$	"
Japan	"	312	" "	" " " "	$7^{2}/_{3}$	"
Griechenland	"	36	" "	" " " "	19	"
England	"	1020	" "	" " " "	29	"
Belgien	"	222	" "	" " " "	37	".

Umlaufsmittel.

Zu den Umlaufsmitteln gehört *Geld* und *Kredit*, so wie jede andere Einrichtung, welche den Verkehr fördert und erleichtert. Wenn Geld seinen Zweck als Werthmesser und Tauschmittel erfüllen soll, so muß es folgende Eigenschaften haben: *innern Werth*, der die Substanz, aus welcher das Geld besteht, hochgeschätzt macht; *Tragbarkeit* oder großen Werth bei kleiner Masse, doch muß der Werth zur Masse in richtigem Verhältniß stehen, was beispielsweise bei einem Markstück aus Gold oder einem Pfennig aus Silber nicht der Fall sein würde; *Dauerhaftigkeit*, so daß es, wie Goldgeld, weder vom Feuer noch vom Wasser zerstört wird; *Gleichartigkeit*, vermöge deren das eine Kilogramm Gold oder Silber ganz denselben Werth, wie das andere Kilogramm Gold oder Silber hat, während zwei gleich große Diamanten, die aber von verschiedener Farbe und verschiedenem Glanze sind, ungleichen Werth haben; *Theilbarkeit*, in Folge deren zwei halbe Gramm Gold genau so viel Werth haben, wie ein Gramm Gold, während ein Diamant von 12 Karat Gewicht einen doppelt so hohen Werth hat, als zwei Diamanten von je 6 Karat Gewicht; *Stetigkeit des Werths*, welche dem Silber und dem Golde in höherem Maße, als allen anderen Sachgütern beiwohnt; Erkennbarkeit, so daß die Untersuchung der Echtheit leicht ist, welche ihrerseits durch die Prägung unterstützt wird, die wiederum eine bequeme Prägbarkeit fordert.

Die Edelmetalle werden als Geld am besten in der Form von geprägten Stücken, von Münzen gebraucht, durch deren Gepräge ein bestimmtes Gewicht rauher Metallmasse (Schrot) von einem bestimmten Feinheitsgrade (Korn) und demgemäß eine bestimmte Gewichtsmenge an feinem Gold oder Silber (Feingehalt) garantirt wird. Ungemünzte Gold- oder Silberstangen, bei denen nur der Feinheitsgrad durch Stempel gewährleistet ist, Barren, dienen ausschließlich beim Großhandel zu Zahlungen oder Hinterlegungen und müssen vorher gewogen werden. Um den Münzen mehr Härte und dadurch Widerstand gegen Abnutzung zu geben, legirt man sie, d. h. Silber wird mit Kupfer, Gold mit Silber oder Kupfer vermischt, wodurch zugleich das Einschmelzen der Münzen erschwert ist. Zu demselben Zweck sind Scheidemünzen aus Kupfer oder Nickel leichter ausgeprägt und haben nicht den ihrem Nominalwerthe entsprechenden Metallgehalt.

Unter Währung versteht man die gesetzliche Feststellung desjenigen Zahlungsmittels, welches in einem Lande als Zahlung genommen werden muß; demgemäß herrscht Goldwährung, wo Gold dies Zahlungsmittel ist, Silberwährung gilt, wo Silber das gesetzliche Zahlungsmittel ist, und Doppelwährung besteht, wo beide Metalle gesetzlich die gleiche Berechtigung genießen; Papierwährung hat ein Land, in welchem Papiergeld gesetzlichen Zwangskurs besitzt. Bei der Silberwährung bleibt der Silberwerth der nebenbei benutzten Goldmünzen, bei Goldwährung der Goldwerth der nebenbei benutzten Silbermünzen schwankend. Bei der Doppelwährung ist zwar das wechselseitige Werthverhältniß der beiden Münzen gesetzlich festgestellt, diese Feststellung bleibt jedoch nur so lange wirksam, als sie der Wirklichkeit entspricht; steigt Gold im Werthe, so werden die Zahlungen in Silber geleistet und das Gold verschwindet aus dem Verkehr; fällt Gold im Werthe, so werden die Zahlungen in Gold geleistet und das Silber wird aus dem Verkehr gezogen. Ob aber der Preis des minderwerthigen Metalls in Folge der verstärkten Nachfrage nach demselben steigen würde, ist fraglich, da der Werth von den Produktionskosten abhängt. England, Deutschland und Italien haben Goldwährung, doch müssen in Deutschland die alten noch vorhandenen Silberthaler in Zahlung genommen werden; Frankreich hat Doppelwährung.

Die Vermehrung des im Umlauf befindlichen Geldes enthält keine Vermehrung des Volksvermögens, denn die Menge des Geldes ist keine Vermehrung des Reichthums: wenn in einem Lande das umlaufende Geld plötzlich ums Doppelte vermehrt würde, so müßte die Kaufkraft des Geldes entsprechend sinken und der Preis aller Waaren entsprechend steigen.

Der Güterumlauf wird ferner durch Kredit erleichtert. Kredit ist die Kraft zu borgen. Der Kredit hängt von dem größeren oder geringeren Vertrauen ab, welches der Verleiher in die Zahlungsfähigkeit des Borgers setzt. Kredit ist nicht Kapital, vielmehr bleibt der Geldverleiher, welcher dem Borger die Nutznießung des Gewinnes, nach Abzug der Zinsen überläßt, der eigentliche Kapitalist. Der Kredit befördert die Kaufkraft, denn mit Hilfe des Kredits kann beispielsweise ein Fabrikant die Rohmaterialien, welche er innerhalb bestimmter Zeit braucht, einkaufen, bis zum Zahlungstermin einen Theil derselben verarbeiten und die verarbeiteten Waaren wieder auf Kredit verkaufen; ohne Kredit würde also Jeder einen viel größeren Baarbestand haben und halten müssen. Die durch den Kredit bewirkte Erhöhung der Kaufkraft aber zieht eine allgemeine Steigerung der Waarenpreise nach sich, denn der Kredit befördert die Nachfrage nach Waaren, vermehrte Nachfrage aber wirkt auf die Steigerung der Waarenpreise.

Die Goldproduktion hat sich von 200.569 kg im Jahre 1851 auf 177.000 kg im Jahre 1889 verringert, die Silberproduktion dagegen in derselben Zeit sich von 895.552 kg auf 4.083.000 kg gesteigert; das Prozentverhältniß des Goldes zum Silber, welches in jenem Jahre 77.6 : 22.4 war, betrug in diesem Jahre 49.1 : 50.9; der Londoner Preis per Unze Standardsilber, welcher 1841 sich auf $59^5/_8$ belief, stellte sich 1889 auf $24^{11}/_{16}$ p. Der Edelmetallvorrath wurde 1885 in den Kulturländern auf 21.207 Millionen Mark (und zwar 13.364 Mill. Gold, 7.843 Silber) geschätzt, wovon auf:

Großbritannien 2220 Mill. Gold, 432 Mill. Silber,
Frankreich, Italien, Belgien und die Schweiz 4.195 Mill. Gold, 7.395 Mill. Silber,
Deutschland 1.744 Mill. Gold, 892 Mill. Silber,
Amerika (V.-St.) 2464 Mill. Gold, 1.292 Mill. Silber

entfallen. Der Geldvorrath und Geldumlauf in Deutschland ist 1890 auf

2250 Mill. M.	Goldmünzen und Gold bei der Reichsbank,	per Kopf		46.50	M.
896 „ „	Silbermünzen . . .	„	„	18.50	„
54.6 „ „	Nickel- und Kupfer-Münzen	„	„	1.10	„
610.8 „ „	Reichskassenscheine und ungedeckte Banknoten	„	„	12.60	„
3811.4 Mill. M.				78.70	M.

geschätzt. Aber auch das Geld, der Werthmesser aller Sachen, ist erheblichen Preisschwankungen unterworfen. Eine für die Zeit von 1848 bis 1886 vorgenommene Berechnung der Hamburger Preise für mehrere hundert verschiedene Waaren hat ergeben, daß der Geldwerth von 1848 bis 1873 von 100 auf 70 gefallen ist, daß man also 1873 für 70 Geldwertheinheiten dasselbe kaufen konnte, wie 1848 für 100 Geldwertheinheiten, und daß der Geldwerth von 1873 bis 1886 von 70 auf 95 gestiegen ist, so daß man also im Jahre 1886 mit 95 Geldwertheinheiten bezahlen mußte, was man 1873 für 70 Geldwertheinheiten haben konnte. Der Werth des Geldes hängt aber von dem Vorrathe desselben, von dem Umfang der Umsätze und von der Geschwindigkeit des Geldumlaufs ab, der Vorrath aber wird von der Produktion der Edelmetalle und von der Verwendung derselben zu Luxusgegenständen, welche übrigens die Hälfte der gesammten Goldproduktion ausmacht, bedingt. Trotz der Preisschwankungen des Geldwerthes bleibt aber Geld immer der relativ beste Werthmesser, und die Preisschwankungen des Geldes sind für kurzsichtige Obligationen ohne Einfluß, haben aber für alle weitsichtigen Verpflichtungen, beispielsweise für Verträge über Hypotheken und Inhaberpapiere, die oft erst nach einer Reihe von Jahren erfüllt werden, desgleichen für Pachtkontrakte über größere Güter, für Beamtengehälter, wenn dieselben im Laufe langer Zeit konstant bleiben, große Bedeutung; hier würde die Berücksichtigung der Waarenwährung neben der Edelmetallwährung gerechtfertigt sein.

Die Vermittelung des Kredits besorgen die Banken, die Bankiers. Bereits im Mittelalter, das vielerlei und viel schlechte Münzen hatte, weil die Fürsten das Münzrecht an zahlreiche Städte, Grafen und Herren verliehen, welche dies Recht durch Prägen schlechter Münzen oft genug mißbrauchten, bildete das Abschätzen und Wägen der Münzen und Metalle einen besonderen Geschäftszweig, und die Personen, welche diesen Geschäftszweig ausübten, wechselten auf den großen Marktplätzen die Münzen des einen gegen die des anderen Landes aus. Sie hießen Wechsler und der Tisch, an welchem sie ihr Geschäft aufschlugen, nach dem italienischen Worte „Banca" die Bank. Dies Geschäft dehnte sich aus. Die Wechsler übernahmen auch den Transport der Münzen von einem Handelsplatz nach dem andern und setzten später, um den ebenso beschwerlichen wie gefährlichen Transport der Münzen nach fernen Handelsplätzen zu vermeiden, an Stelle der gewechselten Münze den Wechsel, indem sie dem Nürnberger Kaufmann z. B., welcher von seinem Mailänder Geschäftsfreunde 5000 Gulden zu fordern hatte, gegen dessen wechselmäßige Anweisung an den Mailänder (zahlen Sie gegen diesen meinen Wechsel) 5000 Gulden verabfolgten. Diese Anweisung, dieser Wechsel war von dem Mailänder entweder bereits angenommen (acceptirt) oder sollte von ihm erst angenommen werden, und der Wechsler, der Bankier übertrug, girirte oder indossirte dann den Wechsel, die Tratte an seinen Geschäftsfreund zur Einkassirung, zum Inkasso der 5000 Gulden von dem Mailänder. Acceptirte der Mailänder den Wechsel und zahlte er am Verfalltage die 5000 Gulden, so war das Geschäft erledigt. Acceptirte er dagegen nicht oder zahlte er nicht, so protestirte der Inhaber des Wechsels gegen diese Nichterfüllung (er ließ Protest durch das Gericht oder einen

Notar erheben), und nun wurde der Reihe nach an alle Diejenigen Regreß (Rückanspruch) genommen, welche den wechselmäßigen Anspruch weiter begeben hatten, bis der Wechsel an den Nürnberger Kaufmann zurück kam, der dann die empfangenen 5000 Gulden wieder herauszahlte und den Betrag gegen den Mailänder, falls dieser den Wechsel acceptirt gehabt hatte, einklagte. Die Thätigkeit der Bank, welche auf eine wechselmäßige, meist nach drei Monaten fällige Anweisung den angewiesenen Betrag, nach Abzug der Zinsen und gegen eine besondere Vergütung, vorweg zahlt, nennt man Diskontiren, und hierdurch wird der Geschäftsverkehr in der mannigfachsten Weise vereinfacht und erleichtert.

Der Tuchfabrikant Arnold in Berlin z. B. hat am Vormittag des 2. Januar d. J. aus Essen Kohlen für 10.000 M. gekauft und giebt einen von ihm acceptirten, am 2. April d. J. fälligen Wechsel über 10.000 M. in Zahlung; der Eigenthümer der Zeche in Essen deckt mit diesem Wechsel einen Kredit, welchen er seinem Sohne bei einem Manufakturisten in Bielefeld eröffnet hatte; der Letztere sendet mit seinem Giro den Wechsel an einen Grossisten in Leipzig, der sein Gläubiger ist; dieser deckt damit seine Schuld bei einem Pelzwaarenhändler in Nischney-Nowgorod, welcher seinerseits mit dem Wechsel seinen Kommissionär in Riga für gemachte Auslagen befriedigt; der letztere begleicht mit der Tratte ein Inkasso, das er für einen Getreidehändler in Libau gemacht hatte, und dieser schickt den Wechsel statt des Kaufpreises für eine Schiffspart an einen Rheder in Stettin; der Rheder girirt den Wechsel an einen Kaufmann in Danzig, welcher die Ausstattung für eine Tochter des Rheders geliefert hat und der Danziger Kaufmann indossirt die Tratte an Herzog in Berlin, welcher am 2. April v. J. 10.000 M. Ladenmiethzins an Arnold zu zahlen hat. Auf diese Weise ist der Wechsel je zehn Mal an Stelle einer Zahlung von 10000 M. getreten, hat im Ganzen die Zahlung von 100000 M., die Flüssigmachung und Versendung dieser Summe erspart und der Wechsel ist schließlich in die Hand der Person zurückgelangt, welche mit demselben Schuld und Forderung einer gleich hohen Summe beglich.

In dem angeführten Falle sind alle diese Wechselgeschäfte ohne Vermittelung des diskontirenden Bankier gemacht, die in der Praxis jedoch meist eintritt, weil es sich selten ereignet, daß Forderung und Schuld der Höhe nach sich ausgleichen und in der Zeit der Fälligkeit übereinstimmen. In der Praxis regelt sichs meist so, daß der Grossist die Geschäftswechsel der Händler dem Fabrikanten gerirt, welcher sie bei seinem Bankier diskontiren läßt.

Außer dem Diskontogeschäft betreiben die Banken jedoch noch eine Reihe von anderen Geschäften, welche den Kredit vermitteln und den Geschäftsverkehr erleichtern. Das Depositengeschäft oder die Hinterlegung wird entweder vorgenommen, um der Mühe und der Gefahr der eigenen Aufbewahrung überhoben zu sein, oder es überträgt zugleich die Verwaltung an die Bank, welche dann die Zinsen oder Dividenden des Kapitals erhebt, die Ausloosungen und Amortisationen kontrolirt, oder es nimmt die Natur eines Darlehns an, wenn die Bank zur Verzinsung und Rückzahlung nach erfolgter Kündigung sich verpflichtet.

Aus dem Depositengeschäft hat sich das Banknotengeschäft entwickelt. In gewerblich fortgeschrittenen Ländern hält Jeder nur so viel Geld zu Hause, als er zu seinen laufenden Ausgaben braucht und giebt das übrige auf eine Bank. Die Bank braucht erfahrungsmäßig aber nur ein Drittel der deponirten Summen baar zurück zu behalten, um den Ansprüchen ihrer Gläubiger zu genügen, und kann zwei Drittel der Depositen zu Kapitalanlagen verwenden. Sie kann also auch die deponirte oder von Aktionären eingezahlte Summe als Deckungskapital behandeln und einen doppelt so hohen Betrag in Banknoten, d. h. in Anweisungen auf sich selbst, die auf Sicht an den Inhaber zahlbar sind, ausgeben, um mit diesen Banknoten Wechsel zu diskontiren oder andere Bankgeschäfte zu machen. Die deutsche Reichsbank, deren steuerfreies Notenkontingent 276 085 000 M. beträgt, darf je nach Bedürfniß Banknoten ausgeben, doch muß sie jederzeit mindestens ein Drittel des Werths der Banknoten, welche im Umlauf sich befinden, durch deutsches Geld, Goldbarren, ausländische Münzen oder Reichskassenscheine decken und für zwei Drittel der Banknoten gute Wechsel von höchstens dreimonatlicher Verfallzeit besitzen. Die englische Bank darf für 300 Millionen Mark Banknoten ausgeben und muß jedes Mehr durch Geld oder Edelmetalle decken; doch ist die Bankakte des Jahres 1844, welche dies bestimmt, in den Handelskreisen der Jahre 1848, 1857 und 1866 suspendirt, der Bank also eine Mehrausgabe von Noten gestattet worden. Die Banknoten wirken ähnlich wie die Wechsel auf die Waarenpreise ein, d. h. sie verhindern, unter sonst unveränderten Umständen, ein Fallen derselben. Die Noten der Deutschen Reichsbank und der Bank von England werden überall ebenso wie baares Geld angenommen.

Aus dem Depositengeschäft hat sich auch der Checkverkehr entwickelt. Man versteht unter Check die schriftliche Anweisung an eine Bank, einer gewissen Person eine bestimmte Geldsumme zu zahlen, und diese Anweisung erfolgt à conto eines Depositums des Anweisenden. Die Empfänger der Checks geben dieselben meist ihren Bankiers zum Inkasso, so daß sie von diesen à conto der Checks Geld nach Bedarf erhalten. Die Banken in London tauschen alle von ihnen im Laufe des Tages erhaltenen Checks auf dem Clearinghouse aus, und der dort stattfindende Verkehr vollzieht sich, ohne daß auch nur ein Pfennig baaren Geldes zur Ausgleichung nöthig wäre; der dortige Checkverkehr beläuft sich jährlich auf 190 Millarden Mark. Die größeren Zahlungen werden hiernach lediglich durch Buchungen ausgeglichen. Eine ähnliche Einrichtung ist der Berliner Kassenverein.

Das Girogeschäft, welches in großer Ausdehnung bei der Deutschen Reichsbank besteht, vermittelt und erübrigt kaufmännische Zahlungen durch Zu- und Abschreiben auf den Konten, welche die betreffenden Geschäftsleute mittelst Einzahlung bei der Bank auf ihren Namen eröffnet haben. Die Bank ist die Kassenführerin der Einleger und erspart ihnen die Leistnng und den Empfang von Zahlungen.

Die Banken betreiben ferner das Inkassogeschäft, das Einziehen fremder, auf die Bank übertragener Forderungen; das Kontokorrentgeschäft, das Geschäft der laufenden Rechnung, welches auf verbürgten, ausnahmsweise auf Blanko-Kredit Zahlungen für den Kunden leistet und annimmt, und das gegenseitigr Soll und Haben von Zeit zu Zeit abschließt; das Lombardgeschäft, welches in der Gewährung von Darlehn gegen bewegliches Pfand besteht und seinen Namen von den Lombarden hat, die es aus der Lombardei auf andere Länder übertrugen; das Hypotheken-geschäft, welches unbewegliche Werthe beleiht; das Effekten-geschäft, welches den An- und Verkauf kurshabender Inhaberpapiere besorgt. Grundkreditanstalten sind entweder von Aktiengesellschaften gegründet, welche Grundkreditbriefe ausgeben, für welche als Aktiva die von ihnen erworbenen Hypothekenbriefe haften, oder von Korporationen, Landschaften errichtet, welche innerhalb ihres Verbandes landschaftliche Güter beleihen und dagegen Pfandbriefe ausgeben, für welche das beliehene Gut und die Gesammtheit der die Landschaft bilden Güter haftet.

Die Banken sind theils von Einzelnen, theils von Aktiengesellschaften, theils von Genossenschaften, theils von Staaten, allein oder im Verbande mit Aktionären gebildet.

Als Umlaufsmittel gilt auch Papiergeld. Dasselbe ist Kreditgeld, eine von dem Schuldner aufgenommene, von dem Gläubiger unkündbare Zwangsanleihe. So lange der Verkehr dasselbe als dem Metallgelde gleichwerthig aufnimmt, wirkt es unschädlich; sobald jedoch der Kredit des Staats, welcher es ausgegeben hat, wankt, übt das Papier eine auf den Verkehr höchst nachtheilige Wirkung aus, indem es die Kreditgewährung auf längere Fristen erschwert, eine Vertheuerung aller Waaren bewirkt, den Handel ins Schwanken bringt, und Spekulationen auf die Valuta hervorruft. Die Ausstattung des Papiergeldes mit Zwangkurs ändert hieran nichts und auch die Annahme desselben bei den öffentlichen Kassen an Stelle des baaren Geldes kann den Mißkredit nicht beseitigen. Vor 1883 gab es Zeiten in Italien, in denen man für ein Zwanzigmarkstück, das einen Werth von 25 Lire hat, 27 bis 28 Papierlire erhalten konnte; zur Zeit des nordamerikanischen Sezessionskrieges waren 180 Dollar in Noten nur 100 Dollar in Gold werth; ein Papierrubel, der einen Zwangskurs von 3.24 M. hat, galt im Auslande 1887 nur 1,65 M. An Papiergeld hat: Belgien für 1392, Dänemark 85, Deutschland 144, Italien 84, Niederlande 17, Oesterreich-Ungarn 575, Rumänien 66, Rußland 2322, die

Schweiz 77, die Türkei 83, die vereinigten Staaten von Nordamerika 1978 Millionen Mark ausgegeben.

Zur Beförderung des Güterumlaufs dienen ferner die Kommunikationsmittel, mithin alle Transportbeförderungsanstalten, namentlich auch die Post, welche Briefe und Karten, Anweisungen, Aufträge und Mandate versendet. Denselben Zweck verfolgen endlich die Umsatzmittel, besonders also die Märkte, Messen und Börsen; Märkte, auf denen die Verkäufer ihre Waare feilhielten, gab es schon in den ältesten Zeiten; besonders große Märkte heißen Messen, die ihren Namen von der kirchlichen Messe haben, da die Meßplätze mit den Kirchplätzen zusammenfielen, doch hat die Bedeutung der Messen für den Handel mit der Entwickelung des Transportverkehrs abgenommen; Börsen sind Versammlungen der Kaufleute zum Kauf und Verkauf von Produkten oder Effekten, und bedürfen auf dem Kontinente der staatlichen Genehmigung, während sie in England und Nordamerika Privatgenossenschaften bilden.

Ende Dezember 1889 betrug

	der Baarvorrath	der Notenumlauf
bei der Bank in England	17319000 L.	24415000 L.
„ franz. Bank	2521100000 Fr.	3003075000 Fr.
„ dtsch. Reichsbank	849638000 M.	1084465000 M.
„ östr. ung. Bank	234600000 G.	440100000 G.

Ende März 1890 betrug in Deutschland der Umlauf

von Papiergeld	122908940 M.
„ Banknoten	1229796000 M.
„ Wechseln	3847600000 M.

Von der Vertheilung der Güter.

Bei der Produktion der Güter sind, wie wir gesehen haben, die Grundbesitzer, die Arbeiter und die Kapitalisten betheiligt. Von diesen erhält Jeder seinen Antheil. Der dem Grundbesitzer zukommde Theil wird Rente genannt; der von dem Arbeiter beanspruchte Theil heißt Lohn; der dem Kapitalisten gehörige ist der Kapitalgewinn. Bei der Landwirthschaft weicht die Vertheilung der Güter unter diese drei Interessenten in verschiedenen Ländern von einander ab. In England z. B. ist der Grundbesitzer meist nicht zugleich Landwirth und bezieht mit der Bodenrente dann auch den Kapitalgewinn; bei ganz kleinem Grundbesitz leistet der Besitzer auch die Arbeit und vereinigt dann in seiner Person den Grundherrn, den Arbeiter und den Kapitalisten.

Die Grundrente besteht in dem Werthüberschuß, welcher von dem Ertrage, nach Abzug der Löhne und Kapitalzinsen, übrig bleibt. Der Grundbesitzer ist in der Lage, eine Grundrente zu beziehen, weil das Land einen Gegenstand bildet, dessen Viele bedürfen, den aber Niemand anders, als von ihm erlangen kann. Die Rente des Bodens wird von seiner Fruchtbarkeit und von seiner mehr oder weniger günstigen Lage bedingt. Ist der Boden so schlecht, daß sein Anbau die darauf verwendete Arbeit und das dazu nothwendige Kapital nicht lohnt, so wird Niemand für ihn eine Pacht zahlen. Und ein fruchtbarer Boden, der an einem schwer zugänglichen Platze liegt, wird über keine Rente gebieten. Mit der Vermehrung der Verkehrswege werden aber solche schwer zugänglichen Plätze dem Konsumentenkreise näher gerückt und dadurch rentabel; mit der Vermehrung der Bevölkerung lohnt auch schlechter Boden die Aufwendung von Arbeit und Kapital. Die Grenze, auf welcher hiernach die Möglichkeit zur Bearbeitung des Bodens liegt, nennt man die Anbaugrenze. Je weniger fruchtbar und je weniger gelegen der Boden, je näher er dieser Anbaugrenze ist, desto geringer wird sein Ertrag sein. Nach der von Ricardo aufgestellten Rententheorie wird die Rente der minderproduktiven Wirthschaft nach dem Geldwerthe des Ueberschusses ihrer Ertragsfähigkeit über den des schlechtesten noch in Kultur befindlichen Bodens, der nur eine ganz geringe Pacht zahlt, bestimmt. Die Stellung, welche die Anbaugrenze für die Produktivität einnimmt, ist örtlich verschieden und zeitlich stets eine andere gewesen. Vor hundert Jahren lag die Anbaugrenze viel weiter nach oben, denn damals lohnte es noch nicht, schlechten und schlecht gelegenen Boden zu bebauen, der heute mit Vortheil bebaut wird; in Australien jedoch liegt noch heute sehr fruchtbarer Boden unbebaut, der mit Nutzen bebaut sein würde, wenn er in Deutschland gelegen wäre. Aber überall und zu allen Zeiten hat die

Anbaugrenze den Preis der landwirthschaftlichen Produkte bestimmt. Wenn die Bodenfläche, aus welcher die Bevölkerung die nothwendigen Nahrungsmittel bezieht, absolut beschränkt ist, so muß bei jedem Zuwachs der Bevölkerung minder ergiebiger Boden zur Aushilfe genommen werden, und hieraus folgt eine Steigerung der Rente, wie der Preise. Kann dagegen die Bevölkerung die nothwendigen Lebensmittel von weither beziehen, weil gute Verkehrswege vorhanden sind, so wird der Mehrbedarf durch Einfuhr gedeckt, die Anbaugrenze rückt nicht tiefer und die Preise steigen nicht.

Ob die Grundrente bei dem landwirthschaftlichen Großbetriebe höher als bei dem Kleinbetriebe ist, hat zu vielfachen Erörterungen Anlaß gegeben. Bei dem Großbetriebe läßt sich die Arbeit besser vertheilen, die verwendeten Kapitalien, namentlich Maschinen und Gebäude sind besser auszunutzen; die Milch- und Mastwirthschaft wird auf großen Gütern erfolgreicher betrieben, weil hier für geschulte Arbeiter und für die vorzüglichsten Produktionsmethoden mehr Mittel angewendet werden können; Meliorationen, wie Berieselungen und Drainagen, welche großer Flächen bedürfen, kommen dem Großgrundbesitz, ebenso wie der Betrieb von Nebengewerben (Zuckerfabriken, Branntweinbrennereien) fast ausschließlich zu statten; Kredit steht dem Großgrundbesitzer leichter zu Gebote. Diese Leichtigkeit der Kreditbeschaffung wird aber auch vielfach gemißbraucht, so daß der Großgrundbesitz viel höher, wie der mittlere verschuldet ist; die Lebenshaltung der Großgrundbesitzer ist oft überaus anspruchsvoll und die hierfür gemachten Ausgaben beeinträchtigen die für die Produktion nothwendige Kapitalbildung. Dagegen sind die Bauern bescheidener in ihren Ansprüchen und strecken sich mehr nach der Decke. Zwar fehlt es ihnen meist an technischer Ausbildung, aber sie ersetzen diese durch praktische Erfahrung. Der Bauer legt selbst Hand an die Arbeit und fördert die Wein-, Obst- und Geflügelzucht, welche viel Handarbeit und persönliche Fürsorge erfordert, besser als der Großgrundbesitzer; bei der Kapitalbeschaffung, bei der Maschinenbenutzung wird der mittlere Grundbesitz immer mehr durch das Genossenschaftswesen unterstützt. Die Grundrente steigt, je mehr die Anbaugrenze fällt, und erhöht sich mit der

Kulturentwickelung; sie ist maßgebend für den Preis der Grundstücke und den Pachtzins der Güter. Aber sie bildet dennoch einen verhältnißmäßig kleiner werdenden Bruchtheil des gesammten Volkseinkommens, während der Antheil der Arbeit und des Kapitals an demselben größer wird, denn die Arbeit ist thätiger bei der Kulturentwickelung und in Folge dessen die ersparte Arbeit größer.

Arbeitslohn ist derjenige Theil des Vermögens, welcher gegen Arbeit ausgetauscht wird. Die letzte Quelle des Lohnes muß man in dem Werthe des Produkts suchen, jedoch erhält der Arbeiter seinen Antheil vorweg in dem Lohne. Der niedrigste Stand des Lohnes muß den nothwendigen Unterhaltungsbedarf des Arbeiters decken, weil nur unter dieser Bedingung ein Angebot von Arbeit erfolgen kann. Der Lohn erhöht sich, wenn der Gebrauchswerth der Arbeit größer wird und die Nachfrage nach Arbeit sich mehrt. Im Allgemeinen steigt der Arbeitslohn mit den Fortschritten der wirthschaftlichen Kultur, weil mit diesen das Angebot von Kapitalien und Arbeiten, auch die Arbeitskraft und Geschicklichkeit zunimmt. Für die Ungleichartigkeit der Lohnsätze bei verschiedenen Arbeiten ist maßgebend: 1. die mit der Beschäftigung verbundene Annehmlichkeit oder Unannehmlichkeit, in Folge dessen der im Schacht oder Stollen arbeitende Bergmann einen höheren Lohn erhält als Derjenige, welcher zu Tage arbeitet, und die Arbeit in Pulver- und Dynamitfabriken höher, als in ungefährlichen Betrieben bezahlt wird; 2. die Leichtigkeit und Billigkeit oder die Schwierigkeit und Kostspieligkeit der Erlernung der Arbeit, so daß also der Schiffbauer einen höheren Lohn als der Erdarbeiter erhält; 3. die Beständigkeit oder Unbeständigkeit in der Arbeit, weshalb Dockarbeiter oder Maurer, welche einen Theil des Jahres feiern müssen, während der Dauer der Arbeit höher bezahlt werden, als Fabrikarbeiter, welche das ganze Jahr hindurch arbeiten; 4. das geringere oder größere Vertrauen, welches in den Arbeiter gesetzt werden muß, so daß Juweliergehilfen oder Kassirer höheren Lohn erhalten als Arbeiter, denen besondere Werthobjekte nicht anvertraut werden; 5. die größere oder geringere Aussicht auf Erfolg bei der Arbeit, weshalb die Einnahme des beschäftigten Advokaten höher als das Gehalt des Richters ist.

Arbeitgeber und Arbeitnehmer stehen sich wie Käufer und Verkäufer gegenüber. Jener will die Arbeit möglichst billig kaufen, dieser sie möglichst theuer verkaufen. Bei regem Geschäftsgange, bei starker Nachfrage nach Arbeit müssen höhere Lohnforderungen bewilligt, in flauen Geschäftszeiten, bei starkem Angebot von Arbeit muß mit niedrigen Löhnen vorlieb genommen werden. Wie jeder Fabrikant das Recht hat, seine Waare nicht unter einem bestimmten Preise zu verkaufen, so hat jeder Arbeiter das Recht, seine Arbeit nicht unter einem bestimmten Preise zu leisten, und was einem Arbeiter frei steht, ist auch einer Vereinigung von Arbeitern gestattet. Dies Recht der Arbeiter nennt man das Koalitionsrecht derselben. Dies Recht kommt in den Arbeitseinstellungen zur Anwendung, und es ist mit ein Zweck der Gewerkvereine, welche in England weit verbreitet, in Deutschland weniger bedeutend sind, das Koalitionsrecht der Arbeiter zu regeln. Für die Dauer der Arbeitseinstellung erhalten die Arbeiter aus der Kasse des Gewerkvereins Unterstützungen, und der Erfolg des Ausstandes hängt davon ab, ob er zur rechten Zeit eingetreten ist, ob die erhobenen Lohnansprüche angemessen sind und ob ein billiger Vergleich die gegenseitigen Interessen wahrt. Arbeitseinstellungen haben sich oft als gefährliches Mittel erwiesen, aber schon der Umstand, daß das Recht derselben allgemein anerkannt ist, hat wohlthätig auf die Regulirung der Löhne gewirkt.

Das gegensätzliche Interesse zwischen Arbeitgeber und Arbeitnehmer zu beseitigen, sind verschiedene Wege eingeschlagen. Die Arbeiter haben Produktivgenossenschaften gegründet, so daß sie zugleich Kapitalisten wurden, oder es entstanden Theilnehmerschaften der Arbeiter, so daß die Arbeiter einen Theil des Kapitals leisteten, oder es trat eine Gewinnbetheiligung der Arbeiter ein. So haben in Frankreich bei der Paris-Orleans-Eisenbahn die Arbeiter einen Antheil an den Dividenden, welche acht Prozent übersteigen, das Personal des großen Pariser Verkaufslokals „Bonmarché" hat Antheil am Gewinn und ein Gleiches findet bei der Firma Leclaire statt. Auch in England und in Deutschland bestehen ähnliche Einrichtungen, doch es waltet die Gefahr ob, daß die Einigkeit, welche Bestand hat, so lange die Geschäfte in ruhigem Geleise gehen, gestört wird, sobald die Gewinne übermäßig groß oder sehr gering werden.

Kapitalgewinn ist die Belohnung, welche das Kapital für die Dienste erhält, die es bei der Vermögensproduktion leistet. Kapital besteht jedoch nicht aus Geld, sondern aus Gütern, die bei der neuen Produktion als Gebäude, Maschinen, Werkzeuge oder als Lebensbedürfnisse zur Ernährung der Arbeiter während der Produktion dienen. Kapital ist das Ergebniß von Ersparnissen, welche bei der neuen Produktion ganz oder theilweise verzehrt werden, um ihre Funktion als Kapital zu erfüllen. Ein Beispiel möge dies anschaulich machen. In einem armseligen Dorfe lebte vor alter Zeit der Tischler Jakob, welcher an Werkzeugen zur Herstellung der Möbel, die er machte, nur Axt, Säge und Hammer hatte. Aber ihm fehlte ein Hobel. Hätte ich einen Hobel, sagte er sich, so würde ich mehr und bessere Möbel machen, meine Kundschaft vergrößern und mehr verdienen können. Um aber einen Hobel mir herstellen zu können, der ein Jahr vorhält, brauche ich etwa fünf Tage Zeit, so daß ich also, um diese fünf Tage wieder einzubringen und noch obenein Vortheil zu haben, in diesem Jahre in 295 Arbeitstagen mit dem Hobel mehr und bessere Möbel muß machen können, als bisher in 300 Arbeitstagen. Da er nach genauer Ueberlegung meinte, daß dies zutreffen würde, machte Jakob sich einen Hobel und war erfreut, wie der Hobel die Arbeit förderte. Während er bei der Arbeit war, kam sein Vetter Wilhelm, ein Tischler aus einem Nachbardorfe, hinzu und erkannte sofort den Vortheil, welchen der Hobel gewährte. „Leih mir den Hobel auf ein Jahr", bat Wilhelm. Aber Jakob lehnte dies ab, denn nach einem Jahre würde der Hobel unbrauchbar geworden sein, und Jakob hätte fünf Tage für Wilhelm umsonst gearbeitet, was er nicht nöthig habe. Wilhelm erbot sich nun, nach einem Jahre einen neuen, ganz gleichen Hobel zurück zu geben oder den Werth eines solchen zu ersetzen. Aber auch unter dieser Bedingung wollte Jakob den Hobel nicht verleihen, weil er als Ersatz sich einen neuen Hobel machen müsse und die fünf Tage Arbeit für den neuen Hobel seinem Vetter nicht zu schenken brauche. Wilhelm erbot sich nun, für diese fünftägige Arbeitszeit noch eine Vergütung zu geben, und hierauf ging Jakob ein. Jakob machte sich einen neuen Hobel, und als er nach Jahresfrist von Wilhelm einen anderen, gleich guten Hobel nebst der verabredeten Vergütung erhielt, vermiethete er den Hobel wieder auf ein Jahr und hat dies Geschäft noch öfter wiederholt. Jakob war hiernach der Kapitalist, die Vergütung für den vermietheten Hobel war der Kapitalzins und Wilhelm war der Arbeiter, zugleich aber der Unternehmer.

Die Summe aber, welche der Miether dem Vermiether als Lohn für die Anleihe vergütet, bildet nur einen Theil des Kapitalgewinnes, denn in demselben steckt der Kapitalzins, die Entschädigung für das eingegangene Risiko und die Belohnung für die Beaufsichtigung. Nach dem gewählten Beispiel hätte also Jakob auch noch eine Vergütung für die Gefahr, welche er für den Fall lief, daß Wilhelm keinen neuen Hobel ersetzte, und für die Beaufsichtigung zahlen müssen, welche Jakob auf das Geschäft des Wilhelm zu verwenden hatte, um rechtzeitig einschreiten zu können, wenn Wilhelm faul war und sich nicht in die Lage versetzte, einen neuen Hobel zurück geben zu können. Eine solche besondere Vergütung wurde nur deshalb nicht verabredet, weil Jakob seinem Vetter vertrauen durfte, so daß er keine Gefahr lief und keine Beaufsichtigung nöthig hatte. Deshalb war die im vorliegenden Falle gewährte Vergütung der reine Kapitalzins, und in derselben Lage befinden sich die Gläubiger von Staaten, deren Finanzen wohl geordnet sind. Wer einen Theil der englischen Staatsanleihe übernimmt, erhält nicht volle 3 Prozent Zinsen, wer preußische Konsols kauft, hat auf nicht ganz $3^1/_2$ Prozent Zinsen zu rechnen, denn in beiden Fällen ist kein Risiko vorhanden und zu einer Beaufsichtigung des Schuldners liegt kein Grund vor. Dagegen giebt die russische Geldanleihe 5 bis 6, die serbische Anleihe 6 bis 7 und die türkische Anleihe noch mehr Prozent Zinsen, denn in diesen Fällen laufen die Inhaber der Anleihepapiere Gefahr, daß sie ihre Zinsen nicht pünktlich, nicht voll oder garnicht erhalten und sind genöthigt, auf die russischen, serbischen oder türkischen Finanzverhältnisse genaue Aufmerksamkeit zu verwenden, um für den Fall der Gefahr die geeigneten Maßregeln treffen zu können. Ebenso übernimmt ein Kapitalist, welcher sein Vermögen in ein gewerbliches oder Handelsunternehmen steckt, immer ein gewisses Risiko und muß, je größer das Risiko ist, desto höheren Kapitalgewinn beanspruchen, um durch erhöhte Zinsen einen etwaigen Kapitalverlust decken zu können.

Bei einer Vermehrung des Vermögens und der Bevölkerung vermindert sich der Zinssatz. Wenn Jemand $1^1/_2$ Scheffel Weizen produzirt, während er nur einen Scheffel Weizen verzehrt, so hat er für seine Arbeit und sein Kapital einen Lohn von fünfzig Prozent, wenn er dagegen auf schlechteres Land zurückgreifen muß, wenn die Anbaugrenze sinkt und er nur $1^1/_4$ Scheffel Weizen produzirt, während er einen Scheffel verzehrt hat, so geht sein Lohn auf 25 Prozent herab. Die Vermehrung der Bevölkerung aber hat ein Zurückgreifen auf weniger ergiebigen oder schlechter gelegenen Boden zur Folge. In Deutschland sind die Zinsen viel niedriger als in Australien, denn hier bringt der gleiche Betrag von Arbeit und Kapital viel mehr Ertrag als dort.

Hohe Preise ziehen jedoch nicht nothwendig hohe Gewinne nach sich, die Preise werden vielmehr durch die Produktionskosten geregelt, auf diese aber hat die Wirksamkeit der Arbeit, der Arbeitslohn und der Preis der Rohstoffe Einfluß. Steigt die Arbeitsleistung, während der Lohn und die Lebensbedürfnisse dieselben bleiben, so vermindern sich die Arbeitskosten für den Kapitalisten; steigen dagegen die Löhne ohne entsprechende Erhöhung der Arbeitsleistung, so vermehren sich die Arbeitskosten. In Australien, das einen Ueberfluß an fruchtbarem Boden hat, ist die Wirksamkeit der Arbeit sehr groß, der Preis der Lebensbedürfnisse sehr niedrig, und deshalb bestehen dort hohe Gewinnsätze neben hohen Löhnen.

Steigt der Lohn so hoch, daß der Unternehmergewinn unter den üblichen Satz hinunter geht, so haben die Arbeiter keinen dauernden Vortheil aus der Lohnerhöhung, denn die Unternehmer würden dann ihre Kapitalien aus den Geschäften ziehen, ihr Vermögen in Staatspapieren anlegen, hierdurch den Zins derselben drücken, einen Theil des Kapitals in Folge dessen zur Anlage in ausländischen, weniger sicheren

Werthen veranlassen, einen andern Theil des Kapitals, weil die Rentner bei dem niedrigeren Zinssatze nicht mehr leben können, dagegen aufzehren, hierdurch aber das Kapital und den Lohnfonds mindern, so daß der Lohn naturgemäß wieder fallen müßte.

Angebot und Nachfrage wirken bestimmend auf die Höhe des Kapitalzinses ein, dagegen müssen Zinstaxen und Wuchergesetze, als rein äußerliche Mittel, auf die Höhe des Zinses für wirthschaftlich angelegtes Kapital einflußlos bleiben und können nur hindernd und beengend auf den Verkehr wirken.

Technologie.

Unter Technologie versteht man die Beschreibung und Erklärung des Verfahrens, durch welches Naturprodukte zu Gebrauchsgegenständen verarbeitet werden. Sie beschäftigt sich daher auch mit der Entwickelung der Industrie. Die letztere kommt aber am besten bei Betrachtung des Einzelnen zur Anschauung.

Verkehrsmittel, welche die Beförderung der Industrieerzeugnisse ermöglichen, sind zunächst die Land- und Wasserstraßen. Nach sehr unvollkommenen Anfängen geregelter Landstraßen entstanden die ersten preußischen Chausseen in den letzten 3 Jahrzehnten des verflossenen Jahrhunderts. Noch im Jahre 1816 betrug die Zahl der Chausseemeilen bei uns nur 420, war aber bereits 1862 auf 1926, 1868 auf 4306 gestiegen. Das Chausseegeld auf den preußischen Staatschausseen wurde 1875 aufgehoben.

Aus den Holzbahnen des 15. Jahrhunderts, auf welchen in den Bergwerken am Harz die zur Erzbeförderung dienenden Karren, sog. Hunde fuhren, haben sich die **Eisenbahnen** entwickelt. Die erste, von einem Dampfwagen in Bewegung gesetzte Eisenbahn hat George Stephenson in der englischen Grafschaft Durham erbaut und 1825 eröffnet; die erste Eisenbahn in Preußen war die von Berlin nach Potsdam führende. Die preußischen Eisenbahnen sind größtentheils von Aktiengesellschaften errichtet und bis 1882 betrieben, seitdem aber meist in den Besitz oder die Verwaltung des Staats übergegangen. Die Länge der normalspurigen

Eisenbahnen Deutschlands ist seit 1868 von 16367 km auf 40008 km gestiegen, und hieran entfallen auf die Staatsbahnen 34738 km, auf Privatbahnen nur 5270 km, von denen noch 461 km in Staatsverwaltung sich befinden; in den preußischen Provinzen Ost- und Westpreußen, Brandenburg, Pommern, Schlesien und Sachsen sind gar keine Privatbahnen vorhanden. Das Anlagekapital hat rund 10 Milliarden Mark betragen, so daß jedes km 252000 M. gekostet hat; die Betriebseinnahmen beliefen sich auf 310 Millionen Mark oder 28 % aus dem Personenverkehr und auf 810 Millionen Mark oder 72 % aus dem Güterverkehr; die Reineinnahme betrug 535 Millionen, verzinste also das Anlagekapital mit 5,40 %; die Eisenbahnen besitzen 13107 Lokomotiven, 24385 Personen- und 262088 Lastwagen, von denen jede Lokomotive 44900 M., jeder Personenwagen 7800 M., jeder Lastwagen 2900 M. kostete; es wurden 9 Milliarden Personen- und 20 Milliarden Tonnen-Kilometer zurückgelegt; im letzten Jahre sind 2549 Eisenbahnunfälle vorgekommen und in Folge derselben 31 Reisende und 333 Bedienstete getödtet, 123 Reisende und 1164 Bedienstete verletzt, jedoch hat die Zahl der Unfälle und deren Folgen nicht nur relativ, sondern meist auch absolut erheblich abgenommen. Die Länge der schmalspurigen Eisenbahnen Deutschland ist von 193 km im Jahre 1880 auf 819 gestiegen, das Anlagekapital derselben hat 41 Millionen, pr. km also 50000 M. betragen; verzinst hat sich dasselbe nur mit 3 %. Die deutschen Eisenbahnen haben im letzten Berichtsjahre a 1000 Tonnen 6035 Braunkohlen, 2017 künstliche Düngungsmittel, 3257 Roheisen, 1568 Eisen und Stahl in Stücken, 3703 Eisenerz, 3025 Erde, Kies, Mergel und Lehm, 1658 Weizen und Spelt, 1326 Roggen, 816 Hafer, 980 Gerste, 1668 rohes Rundholz, 2783 Nutzholz, 2654 Brennholz, 1367 gebrannten Kalk, 1187 Kartoffeln, 2030 Mehl, 2822 Rüben, 10763 Steine, 45758 Steinkohlen allein im Inlandsverkehr befördert und diese Zahlen geben einen Begriff von der wirthschaftlichen Bedeutung der Eisenbahnen.

Das **Pferdeeisenbahnwesen** hat sich viel später entwickelt. Die erste deutsche Straßenbahn von Berlin nach Charlottenburg ist 1865 eröffnet und ihr folgten 1866 Hamburg, 1868 Stuttgart; Leipzig und Frankfurt a. M., Dresden und Hannover kamen 1872, die große Berliner Pferdebahn und Danzig 1873 in Betrieb; 1875 fand die Eröffnung einer Straßenbahn in Wiesbaden, 1876 in Düsseldorf, Elberfeld, Barmen, München und Metz statt; das Jahr 1877 sah neue Pferdebahnen in Karlsruhe, Cöln, Breslau, Kassel und Magdeburg, so wie das Entstehen der neuen Berliner Pferdebahn; Erweiterungen von Pferdebahnen fanden 1878 in Hamburg und Barmen, Neuerrichtungen in Mannheim, Straßburg, Ingolstadt und Stettin statt; neue Betriebe wurden 1880 in Chemnitz und Potsdam, Posen und Aachen eröffnet, während in Dresden und Hannover Erweiterungen folgten; bedeutenden Aufschwung nahm das Pferdebahnwesen 1887: Bremerhafen, Lübeck und Augsburg, Königsberg, Dortmund und Kiel, Nürnberg, Braunschweig und Rostock, Gladbach Duisburg, und Flensburg erhielten neue Pferdebahnen; 1882 folgten Mühlhausen, Halle, Köpenick und Altona, 1883 Erfurt und Krefeld, Görlitz und Mainz; das Jahr 1884 sah neue Betriebe in Offenbach, Kassel und Hagen, so wie Betriebserweiterungen in Mannheim und Magdeburg; 1885 folgte Heidelberg, 1886 Schönebeck und eine Erweiterung in Stuttgart; 1887 entstanden neue Pferdebahnen in Coblenz und Halberstadt, während in Hamburg eine bedeutende Erweiterung stattfand. Die weitaus meisten Städte, welche Pferdebahnen besitzen, gehören zu den Großstädten oder doch zu den größeren Mittelstädten. Die Geleislänge der Pferdebahnen ist sehr verschieden auch in Städten von annähernd gleicher Einwohnerzahl; von wesentlichem Einfluß ist es hierbei, ob die Stadt eng oder weitläufig gebaut ist, ob Terrainschwierigkeiten die Erweiterung der Pferdebahn erschweren, ob Vororte vorhanden und ob dieselben in das Bahnnetz hineingezogen sind; für die Benutzung der Pferdebahn ist das Verhältniß der Geleislänge zu der Zahl der Einwohner von Bedeutung, aber nicht allein entscheidend, wenn der Verkehr der Stadt der Größe der Einwohnerzahl nicht entspricht, das Bahnnetz über das Bedürfniß ausgedehnt ist, oder Terrainschwierigkeiten dem Bedürfnisse zu genügen verhindert haben; der Ertrag der

Pferdebahnen spricht untrüglich für oder gegen dieselben; ist das Straßenbahnsystem in Gegenden geführt, welche dem Verkehr noch nicht erschlossen sind, ist das Pferdebahnsystem im Gegentheil nur mäßig entwickelt, sind grade die verkehrsreichsten Strecken durch Terrainschwierigkeiten bei Anlage von Pferdebahnen behindert oder sind die Anlagekosten zu beträchtlich gewesen, so werden die Erträge gering sein; Berlin hat eine Geleislänge von 260000 Meter, die Pferdeeisenbahnen werden täglich von 22 Prozent seiner Einwohnerschaft benutzt und das Jahreseinkommen beträgt 50 M. auf das laufende Meter, so daß das Berliner Pferdebahnwesen in allen diesen Beziehungen Hervorragendes leistet. Die bei dem Pferdebahnbetriebe vorkommenden Unfälle sind nicht besonders erheblich und meist von dem Publikum verschuldet. Straßenbahnen mit Dampf oder elektrischem Betriebe bestehen nur in geringer Zahl.

Zu den hervorragendsten Verkehrsmitteln gehört auch die **Post**, der **Telegraph** und das **Telephon**, das Fernschreib- und Fernsprechwesen. Schon die Römer hatten reitende Postboten und seit Augustus eine Fahrpost; auch die Araber besaßen regelmäßige Posteinrichtungen; im Mittelalter gab es Boten der Klöster, der Universitäten, des deutschen Ordens und der Hansa; der Reichsgeneralpostmeister Thurn und Taxis brachte es bereits 1588 zu einer Reineinnahme von 100000 Dukaten. Der große Kurfürst richtete 1649 eigene Posten ein und 1730 betrug der Einnahmeüberschuß der preußischen Post 200000 Th.; 1821 rief Nagler die Schnellpostverbindung zwischen Berlin und Dresden ins Leben; 1850 wurden die Briefmarken in Preußen eingeführt und ein Postverein mit Oesterreich geschlossen, 1867 das Einheitsporto von 1 Sgr. für den Inlandsbrief eingeführt und die norddeutsche Bundespost, 1871 die deutsche Reichspost errichtet; 1876 ward Stephan der erste Generalpostmeister des neuen deutschen Reichs und 1878 der Weltpostverein gegründet; die Postkarten sind 1870, die Postanweisungen 1868, die Postaufträge 1871 eingeführt; das Reichspostgebiet umfaßt Baiern und Württemberg leider noch nicht. In ganz Deutschland ist von 1872 bis 1889 die Zahl der Postanstalten von 7185 auf 23410, die

Portoeinnahmen sind von 91 auf 175 Millionen, die Briefsendungen von 484 auf 1015 Millionen, die Pakete mit und ohne Werthangabe auf 112 Millionen, der Werth der Postnachnahmesendungen seit 1872 bis 1888 von 61 auf 96 Millionen Mark, der der Postauftragsbriefe in derselben Zeit von 93 auf 487 Millionen Mark, die Zahl der Postanweisungen seit 1872 bis 1889 von 20 auf 77 Millionen, der Werth derselben von 820 Millionen auf mehr als $4^1/_2$ Milliarden Mark gestiegen. Die Zahl der abgesendeten Postkarten hat sich pro 1889 auf 323 Millionen belaufen. Dagegen ist von 1872 bis 1888 die Zahl der Briefe und Pakete mit Werthangabe von 24 auf 11 Millionen zurückgegangen, weil zu Geldsendungen immer mehr die Postanweisungen benutzt werden und die Sicherheit, welche die Post für die Beförderung von Paketen gewährt, zugenommen hat; gestiegen ist der Werth der Briefe und Pakete mit Werthangabe von 14154 Millionen auf 16979 Millionen Mark, ein Beweis, daß der Giroverkehr über die kaufmännischen Kreise hinaus noch wenig sich eingebürgert hat. Abgenommen hat selbstverständlich auch der Verkehr der Postreisenden; derselbe ist in Folge der Zunahme des Eisenbahnverkehrs von 6 767 474 auf 3 209 648 zurück gegangen. Reduzirt man diese Verkehrszahlen, so entfallen pr. 1887/88 auf je 100 Einwohner Deutschlands 364 M. Portoeinnahme, 2847 eingegangene Briefe, 203 Pakete ohne Werthangabe, 23 Briefe und Pakete mit Werthangabe, 27 385 M. angegebener Werth derselben, 168 M. Werth der eingegangenen Postnachnahmen, 1014 Postauftragbriefe, 8758 M. Werth der eingegangenen Postanweisungen.

Den ersten brauchbaren optischen **Telegraphen** erfanden 1789 die Gebr. Chappe; die noch jetzt gebräuchlichen optischen Eisenbahnsignale sind mit den Zeichentelegraphen verwandt; der preußische Telegraph von Berlin nach Köln beförderte einen mäßigen Satz in 15 Minuten. Die ersten elektrischen Telegraphen legten Gauß und Weber 1833 in Göttingen an; jetzt hat von den Schreibtelegraphen der von Morse erfundene so ziemlich die Alleinherrschaft erlangt; das erste Telegraphenkabel zwischen England und Nordamerika wurde 3556 km lang 1865 gelegt. Die Telegraphenanstalten des

Reichspostgebiets umfassen gleichfalls die bairischen und württembergischen Länder noch nicht. In ganz Deutschland haben sich von 1872 bis 1888 die Telegraphenanstalten von 3801 auf 15292, das Telegraphennetz hat sich von 36134 auf 92383 km, die Länge der Drähte von 117665 auf 328564 km, die Zahl der eingegangenen Inlandstelegramme von $10^1/_2$ auf $19^1/_2$ Millionen, die Telegrammgebühren haben sich von 11 auf 28 Millionen Mark erhöht; auf je 100 Einwohner entfallen 59 M. Telegraphengebühren und 41 Telegramme.

Das **elektrische Telephon,** der Fernsprecher, ist 1860 von Friedrich Reis in Friedrichsdorf erfunden und die erste Fernsprechanstalt in Berlin nach dem von Graham Bell aufgestellten Muster 1877 von Stephan errichtet. Die Zahl der Orte mit Stadt-Fernsprecheinrichtungen beträgt 188, die Länge der städtischen Linien 6711 km, die Länge der Leitungen 56489 km, die Zahl der Verbindungen verschiedener Orte 175.

Schiffahrtskanäle oder künstliche, für Schiffahrtszwecke hergestellte Wasserläufe sind seit der Mitte des verflossenen Jahrhunderts in Deutschland hergestellt. Zu den größeren Kanälen gehört der Finowkanal zwischen Havel und Oder, der Klodnitzkanal von Gleiwitz nach der Oder, der Münstersche Kanal von Münster zur Vechta, der Plauensche Kanal zwischen Elbe und Havel, der Bromberger Kanal zwischen Brahe und Netze, der Eiderkanal von Kiel nach der Eider, der Rhein-Marne Kanal. Diese alle übertrifft an Größe, wie an kommerzieller und strategischer Bedeutung der im Bau begriffene Nordostsee-Kanal. Um die Fahrzeuge von einem tiefer gelegenen nach einem höher befindlichen Niveau zu bewegen, bedient man sich der Schleusen oder der schiefen Ebenen; das Letztere geschieht in vorzüglicher Weise auf dem Oberländischen Kanal in Ostpreußen.

Der **Binnenschiffahrtsverkehr** der Fluß-, Kanal-, Haff- und Küstenschiffe Deutschlands ist von 17653 mit einer Tragfähigkeit von 1377222 Tonnen im Jahre 1877 auf 20390 Schiffe mit einer Tragfähigkeit von 2100705 Tonnen im Jahre 1887 gestiegen und ist erheblich größer als die Seeschiffahrt. Bei der Binnenschiffahrt haben sich die Segelschiffe von 17083 auf 19237, die Dampfschiffe von 570 auf 1153 vermehrt; dort hat also nur eine Vermehrung auf 113, hier auf 202 % stattgefunden, aber die Tragfähigkeit der Segelschiffe hat sich auf 152, die der Dampfer auf 164 % vergrößert. Bei den Segelschiffen ist die Zahl der Schiffe unter 20 Tonnen von 2251 auf 2314, von 100 bis 150 Tonnen von 2248 auf 5370, von 150 bis 300 Tonnen von 1501 auf 2067, von 300 Tonnen und darüber von 404 auf 1101 gestiegen, dagegen ist die der Segelschiffe von 20 bis 50 Tonnen von 4889 auf 4723, die der Schiffe von 50 bis 100 Tonnen von 5570 auf 3593 heruntergegangen, so daß also die Segelschiffe mittlerer Größe erheblich abgenommen haben; die Zahl der Dampfer aller Größen aber hat zugenommen und es geht auch hieraus hervor, daß die Dampfer auch bei der Binnenschiffahrt die Segelschiffe allmählig verdrängen. Verfolgt man den Schiffahrtsverkehr auf den einzelnen Verkehrspunkten, so ergiebt sich, wie erheblich der deutsch-russische Grenzverkehr abgenommen hat; die Zahl der beladenen Schiffe, welche von Memel nach Rußland gingen, ist von 354 im Jahre 1876 auf 84 im Jahre 1889 gefallen, die Zahl der beladenen Schiffe, welche von Rußland nach Memel kamen, ist von 1906 im Jahre 1876 auf 1085 im Jahre 1889 heruntergegangen. Einen, wenn auch nicht so großen Rückgang ergiebt auch der Verkehr bei Thorn. Ebenso hat der Verkehr im Bromberger Kanal abgenommen, weil die Verfrachtung von Holz und Getreide geringer geworden ist. Auf der Spree hat der Verkehr nach Berlin erheblich zugenommen und das Gleiche gilt von dem Verkehr auf der Oberelbe bei Hamburg, so wie von dem Verkehr zwischen Böhmen und Deutschland auf der Elbe bei Schandau, auch der Verkehr auf der Oberweser bei Bremen hat sich erheblich gesteigert. Der Hafenverkehr in Mannheim hat bedeutend zugenommen, die Menge der stromaufwärts angekommenen Güter hat sich von 1872 bis 1889 um 364 % vermehrt, die der stromabwärts gegangenen Güter mehr als versechsfacht. Die Seeschiffahrt wird von Seeschiffen, also von Fahrzeugen betrieben, welche auf Kiel gebaut sind und die See halten können. Man unterscheidet Handels- und Kriegsschiffe. Barken heißen die

Handelsschiffe, welche 2 Vollmasten und einen Barkmast, d. h. einen Mast ohne Raaen haben, Briggs sind Schiffe mit 2 Vollmasten, Schoner mit einem Vollmast und einem Barkmast; die Kuff ist ein zweimastiges Schiff, Kutter und Yacht sind einmastige Schiffe. In der Kriegsmarine bilden Fregatten und Korvetten, Kreuzer und Yachten die Haupttypen; die Kriegsschiffe sind jetzt meist gepanzert. Auch auf der See verdrängen die Dampf- die Segelschiffe.

Bereits 1707 fuhr der Marburger Professor Papin, der Erfinder des Papinschen Topfes, mit einem von ihm konstruirten Dampfboote von Cassel nach Münden, aber der Magistrat in Münden verbot die Weiterfahrt, die Weserschiffer zerschlugen das Dampfboot und die Erfindung hatte keinen praktischen Erfolg. Ein Jahrhundert später erbaute Fulton in New-York einen Dampfer und seitdem machte die Dampfschiffahrt reißende Fortschritte. Man unterscheidet Rad- und Schraubendampfer; bei jenen sind die Motoren Schaufelräder, welche an jeder Seite in der Mitte des Schiffes angebracht sind, bei diesen wird die Bewegung durch eine Schraube bewirkt, welche hinten in der Mittellinie des Schiffes sich befindet; der Oesterreicher Josef Ressel hat als der Erste 1829 die Schiffsschraube im Hafen von Triest angewendet; das erste große Schraubenschiff haben die Engländer Smith und Ericßon 1837 gebaut; die Kriegsmarine hat nur Schraubendampfer. Von den Kauffahrteischiffen sind die deutschen Segelschiffe von 4372 im Jahre 1871 auf 2885 im Jahre 1889 zurückgegangen, auch der Raumgehalt derselben hat sich von 900 361 auf 731 515 Tonnen vermindert, die Besatzung hat sich von 34739 auf 19574 verringert; dagegen haben die Dampfer von 147 im Jahre 1871 auf 750 im Jahre 1889 sich vermehrt, der Raumgehalt derselben hat sich von 81994 auf 502579 vergrößert und die Besatzung ist von 4736 auf 16684 gestiegen; die 55 größten Segelschiffe (über 1400 Tonnen) haben zusammen nur 90937, die 115 größten Dampfer 219620 Tonnen Raumgehalt; aus Eisen oder Stahl gebaut giebt es nur 251 Segelschiffe, dagegen 736 Dampfer; die Transportleistung des Dampfers übertrifft bei größerer Schnelligkeit, besserer Befrachtung und geringerer Besatzung die des Seglers um das Vierfache. Die Zahl der deutschen Fischerfahrzeuge, welche in der Nordsee außerhalb der Küstengewässer Fischerei trieben, ist von 377 im Jahre 1886 auf 445 im Jahre 1889 gestiegen und der Raumgehalt derselben hat sich von 10828 auf 14520 vermehrt. Vollmatrosen wurden 1874—12210, 1889—14859, unbefahrene Schiffsjungen 1874—2318, 1889—2246 bei der Handelsmarine angemustert. Die Monatsheuer der Vollmatrosen betrug neben freier Beköstigung 57,93 M. im Jahre 1874, 53,87 im Jahre 1889, die der Schiffsjungen in jenem Jahre 19,55 M., in diesem 15,97 M. Von deutschen Schiffen sind 174 mit 37256 Tonnen im Jahre 1873, 172 mit 51770 Tonnen im Jahre 1887 verunglückt, dabei gingen in jenem Jahre 391, in diesem 248 Menschenleben verloren.

Bei der **Dampfmaschine**, der bewegenden Kraft der Dampfschiffe und zahlloser Maschinen des Fabrikbetriebes, treibt der in einem Kessel erzeugte Dampf einen, in dem Cylinder der Maschine befindlichen Kolben hin und her, dessen Bewegung durch die Kolbenstange auf andere Maschinentheile übertragen und zur Arbeitsleistung nutzbar gemacht wird. Zuerst ist die Dampfmaschine von dem Ingenieur Thomas Saowy 1698 zum Wasserheben im Bergwerke benutzt, aber James Watt machte durch bedeutsame Konstruktionsänderungen 1768 die Dampfmaschinen für den Fabrikbetrieb nutzbar, indem er die Kondensation, die Verdichtung des Dampfes in einem besonderen Behälter, dem Kondensator vornahm, den Auf- und Niedergang des Kolbens durch den Dampfdruck bewirkte, die Maschine also doppelt wirkend machte, die Luftpumpe zur Entfernung des bei der Kondensation sich sammelnden Wassers anwendete und das konische Pendel zur Herstellung eines gleichförmigen Ganges der Maschine anbrachte. Eine fernere Verbesserung der Dampfmaschine enthält das Manometer zur Beobachtung der Dampfspannung im Kessel; der Betrieb der Maschine mit Hochdruck, so daß der Dampf nicht kondensirt wird, sondern unverdichtet abzieht; die Expansionsvorrichtung, bei welcher der Dampf, nachdem er in dem einen Cylinder mit vollem Druck gewirkt hat, in einen anderen Cylinder abzieht, um hier durch seine Expansion den Kolben zu bewegen; die oszillirende Maschine, deren Cylinder sich hin und her schwingend rechts und links dreht.

Das wichtigste Material für die Industrie bilden die **Metalle**, welche den Stoff zu zahllosen Gebrauchsgegenständen und für die Industrie die Maschinen und Werkzeuge liefern. Die Metallgewinnung aber hängt in hohem Grade von den fossilen Brennstoffen, namentlich von den Steinkohlen ab. In Deutschland sind an Steinkohlen 17564000 Tonnen im Jahre 1861 durch eine Belegschaft von 94579 Köpfen, dagegen 67342171 Tonnen im Jahre 1889 durch eine Belegschaft von 239954 Köpfen gefördert; auf den Kopf der Belegschaft kamen daher 1861 nur 186 Tonnen, 1889 dagegen in Folge des verbesserten Betriebes 281 Tonnen, trotzdem die Arbeit in Folge des weiteren Vordringens erheblich schwieriger geworden. Braunkohlen wurden 1861 nur 5625600 Tonnen durch eine Belegschaft von 20736, 1889 dagegen 17631059 Tonnen durch eine Belegschaft von 31140 gefördert; auf den Kopf der Belegschaft kamen daher 1861 nur 271, 1889 dagegen 566 Tonnen. An Steinkohlen wurden in Rheinland 18, in Schlesien 19, in Westfalen 24 Millionen, an Braunkohlen in Brandenburg 3, in Sachsen 10 Millionen Tonnen gefördert

Die wichtigsten Metalle sind Eisen, Stahl, Kupfer, Blei, Zink, Zinn, Nickel, Aluminium, Silber, Gold und Platin.

Mit Gewinnung der Metalle beschäftigen sich die **Hütten**, welche die Erze in Schachtöfen ausschmelzen. Die hierzu erforderlichen Gebläse sind trockne oder nasse, je nachdem das Wasser mitwirkt oder nicht. Das älteste trockne Gebläse ist der lederne Blasbalg, an dessen Stelle später der hölzerne und dann der eiserne Blasbalg, das Cylinder- und Ventilatorgebläse trat, welches aus einer, im Gehäuse befindlichen, schnell sich drehenden Flügelwelle besteht; durch Erhitzung des Windes vor dessen Eintritt in's Feuer wird die Kraft desselben erheblich verstärkt. Die nassen Gebläse sind entweder Glocken-, Tonnen- oder Schraubengebläse. Zur Reinigung der Metalle dienen Flammöfen, in welchen das Erz nur mit der Flamme in Berührung kommt; die höchste Ausnutzung des Brennmaterials gestattet der 1856 von Friedrich und

Carl Siemens' hergestellte Regenerativofen. An Eisenerzen wurden 1861 in Deutschland und Luxemburg 2406500 Tonnen, 1889 dagegen 11002187 Tonnen gefördert; der Werth beträgt rund 46 Millionen Mark; es entfallen auf Hannover 435, auf Hessen-Nassau 715, auf Schlesien 853, auf Rheinland 1142, auf Westfalen 1176, auf Elsaß-Lothringen 2959, auf Luxemburg 3171 Tonnen.

Das Zurechtmachen der Eisenerze erfolgt in Hochöfen, welche mit Koks gefeuert werden; im oberen Theile des Ofens wird das Erz geröstet, beim Niedersinken durch den Kohlenstoff des Brennmaterials zu Metall reduzirt, und das letztere sammelt sich dann als flüssige Roheisenmasse im unteren Ofenraum. Nach dem Einschmelzen des Roheisens wird dasselbe in Puddelöfen zu Schmiedeeisen, demnächst von dem Dampfhammer, welcher es durch Zusammenpressen von Schlacken reinigt und schweißt, in Stabeisen, Blech und Draht verwandelt. Verhüttet wurden 1861 in Deutschland und Luxemburg 798700, 1889 dagegen 4524558 Tonnen, und zwar in Schlesien 482, in Luxemburg 562, in Elsaß-Lothringen 563, in Westfalen 1027, in Rheinland 1492 Tausend Tonnen. Das Schmieden großer Eisenmassen wird jetzt durch Dampfhammer bewirkt; in Walzwerken werden Stäbe und Bahnschienen hergestellt, indem das glühende Eisen durch Druck bearbeitet wird. Blech, welches früher durch Schlagen mit Hämmern zugerichtet wurde, wird jetzt in Walzwerken fabrizirt und auf diesem Wege auch Wellblech gewonnen. Zur Drahtfabrikation dienen die Zieheisen; für feinen Draht werden statt der Zieheisen gebohrte harte Edelsteine benutzt; zum Ziehen starker Drähte verwendete man früher Stoßzangen, welche durch Wasserkraft bewegt wurden, jetzt wird der Draht gewalzt; Klaviersaiten werden heute aus Gußstahl gefertigt. Der Stahl ist entweder Puddelstahl, welcher zuerst 1850 zu Haspe in Puddelöfen hergestellt wurde, oder Gußstahl, dessen Herstellung seit 1810 namentlich durch Krupp in Essen begonnen hat und eine chemisch vollkommen gleichartige Masse hervorbringt, oder Bessemerstahl, zu dessen Produktion von Henry Bessemer in Sheffield seit 1857 Massen von Roheisen aus dem Schmelzofen in ein feuerfestes Gefäß abgelassen, hier der Einwirkung durchgepreßter Luftströme unterworfen werden und dann einen Zusatz von Spiegeleisen erhalten.

Das Gießen des Eisens war im Alterthum unbekannt und kam erst im späten Mittelalter auf; die ersten eisernen Oefen wurden 1490 im Elsaß, 1667 in Preußen die erste Kanone gegossen; die erste gußeiserne Brücke ist 1777 über den Severn gebaut. In früherer Zeit benutzte man Lehmformen, seit der Mitte des 18. Jahrhunderts trat die Sandformerei an die Stelle, der Hartguß in eisernen Formen ist neueren Datums. Die Kugelöfen, in denen das Roheisen für die Gießerei umgeschmolzen wird, kamen 1794 in England auf. Im Jahre 1889 bestanden in Deutschland und Luxemburg 135 Eisengießereien mit einer Belegschaft von 53536 Köpfen, welche 2332141 Tonnen Eisenmaterialien verarbeiteten. Röhren von beliebiger Länge und Wandstärke werden durch Guß eines Cylinders, dessen innere Weite der des herzustellenden ,Rohres entspricht, und demnächstiges Strecken des Cylinders hergestellt. Ein eigenartiges Verfahren zur Herstellung von Röhren haben neuerdings die Gebrüder Reinhold und Max Mannesmann in Remscheid erfunden. Bisher wurde der glühende Stahl von den Walzen gefaßt und zur Ebene der beiden Walzenachsen durchgetrieben, wobei sich der Stab um so viel verdünnt und streckt, als der Abstand der einzelnen Walzen bedingt, so daß das Rohmaterial erst durch mehrmalige Walzung in Blech verwandelt wird, welches dann die Form eines Rohres erhält. Nach dem Mannesmannschen Verfahren werden dagegen Röhren ohne Naht aus vollen Blöcken erzeugt; dem Block wird gleichsam die Haut über den Kopf gestreift, bis er in seiner ganzen Länge den Walzraum passirt und, als Rohr gestaltet, vorn aus diesem heraustritt. Die Mannesmannschen Röhren zeigen erheblich größere Widerstandsfähigkeit, lassen sich weiter bearbeiten, ohne rissig zu werden, und enthalten weder Blasen noch unganze Stellen. Nach diesem Verfahren arbeiten, nachdem dies Unternehmen 1890 in eine Aktiengesellschaft umgewandelt worden, Werkstätten in Remscheid, Komotan, Brus bei Saarbrücken und Landore in Wales.

Kupfer wird durch wiederholte Röstungen und Schmelzungen aus kiesigen Erzen gewonnen; die Bauart der Oefen, das Röst- und Schmelzverfahren ist allmählig verbessert worden. Kupfererze sind im Jahre 1861 in Deutschland 135000 Tonnen zum Werthe von 3255000 M., im Jahre 1889 dagegen 573290 Tonnen zum Werthe von 1899000 M. gefördert; an Kupfer ist 1861 in Deutschland 3100 Tonnen zum Werthe von 5747000 M., 1889 dagegen 24859 Tonnen zum Werthe von 28209711 M. gewonnen; hiervon entfällt der größte Theil auf Braunschweig, die Provinz Sachsen, Rheinland und Westfalen. Für die Galvanoplastik wird namentlich Kupfer verwendet, welches auf chemischem Wege flüssig gemacht und in Wasser aufgelöst ist, und dessen einzelne Theile auf die Form niederschlagen.

Die Bleierzförderung hat in Deutschland keine erheblichen Fortschritte gemacht. Sie betrug 161100 Tonnen zum Werthe von 12709000 M. im Jahre 1861 und ist nur auf 169569 Tonnen zum Werthe von 17730325 M. im Jahre 1889 gestiegen; hiervon entfielen auf Westfalen 10, auf Hessen-Nassau 12, auf Schlesien 32, auf Hannover und den Harz 46, auf Rheinland 48 Tausend Tonnen. Das Bleihüttenwesen, welches wegen der oft gemischten Beschaffenheit der Erze in engem Zusammenhange mit der Kupfer- und Silbergewinnung steht, dabei sehr verwickelt ist und nach den örtlichen Verhältnissen sich ändert, hat in seinen Operationen zahlreiche Verbesserungen erfahren; die Bleigewinnung, welche 1861 in Deutschland 37200 Tonnen zum Werthe von 1341600 M. betrug, stieg 1889 auf 104523 Tonnen zum Werthe von 26511595 M. Durch die Bleigießerei werden namentlich Platten und Röhren hergestellt; Flintenschrot wird ohne Gußform durch den Fall des Metalls in Wasser gewonnen; die Lettern werden heute in Gießmaschinen geformt; durch Abklatschen oder Klischiren werden Vignetten von Holz- oder Messingschnitten in Blei- oder Kupferformen dargestellt. Die Stereotypie, metallne Druckform auf ganzer Platte, wird namentlich für Klassiker, Schulbücher und große Zeitungen angewendet.

Zink wurde früher nur zur Bereitung von Messing verwendet; jetzt erfolgt die Zinkdarstellung durch Destillation, welche entweder niederwärts in Tiegel oder seitwärts aus Muffeln oder liegenden Röhren stattfindet. Die Zinkerzförderung betrug 1861 in Deutschland 321600 Tonnen zum Werthe von 5831000 M. und stieg 1889 auf 708828 Tonnen zum Werthe von 17689955 M.; die Zinkgewinnung betrug 1861 in Deutschland 58900 Tonnen zum Werthe von 19884000 M. und stieg 1889 auf 135972 Tonnen zum Werthe von 49334620 M.; sie vertheilt sich auf Westfalen Rheinland und Schlesien. • Für die Zinkgießerei werden jetzt Formen aus Gußeisen benutzt. Die Zinkgießerei für Ornamente und große Buchstaben kam 1832 durch die königliche Eisengießerei zu Berlin in Flor.

Nickel ist 1751 von dem Schweden Cronstedt entdeckt und wird als Metallmischung zur Herstellung von Neusilber und von Münzen verwendet. Aluminium wird aus Alaunerde gewonnen und ist zuerst von Wöhler 1827 isolirt; es zeichnet sich durch ungemeine Leichtigkeit aus; der Preis desselben betrug Anfangs 1000 fr. pr. Kilo, ist aber später auf 200 fr. heruntergegangen; seine Verwendung ist gering. Messing wird aus Kupfer und Zink, Bronce aus Kupfer und Zinn, Neusilber aus Kupfer, Zink und Nickel hergestellt.

Die Silbergewinnung steht meist im Zusammenhange mit der Gewinnung von Blei oder Kupfer; die betreffenden Hüttenprozesse sind sehr verwickelt; das Probiren des Silbers erfolgt seit 1829 durch die nasse Probe. Gold, sowohl Wasch- wie Berggold, ist nie ohne Silbergehalt; die Scheidung der beiden Metalle erfolgt durch kochende Schwefelsäure. An Silber- und Golderzen wurden 1881 in Deutschland 33 200 Tonnen zum Werthe von 3 452000 M., 1889 nur 22 264 Tonnen zum Werthe von 4 041 432 M. gefördert; 1861 belief sich die Silbergewinnung auf 68 300 Tonnen zum Werthe von 12 180000 M., die Goldgewinnung auf 32 Kilogramm zum Werthe von 88 000 M.; 1889 stieg die Silbergewinnung auf 403036 Tonnen und 50 812 728 M. Werth, die Goldgewinnung auf 1958 Kilogramm und 5 465 508 M. Werth. Die ersten Proben von rohem Platin wurden 1771 aus Amerika nach England gebracht; die Schweißbarkeit des Platin wird zur

Herstellung von Blech und Draht benutzt; auch wird Platin mit Silber versetzt, zu Schmuckgegenständen verwendet.

Von den **Werkzeugen** ist zunächst der Schraubstock zu erwähnen, welcher zum Halten von Metallstücken während der Bearbeitung desselben dient; der Parallelschraubstock gewährt den Vortheil, eine große Oeffnung zuzulassen und bei jeder Größe der Oeffnung parallele Flächen darzubieten. Der Maschinenscheere bedient man sich zum Schneiden der Bleche von allen Dicken und zum Zertheilen von Eisenstäben; bei den Parallelscheeren ist die bewegliche Schneide durch gerades Auf- und Niedersteigen thätig; die Maschinenscheere wird auch mit einem Durchstoß verbunden, um Kesselbleche zuzuschneiden und zugleich zum Nieten zu lochen; Metallsägemaschinen durchschneiden, wie die Kreissägen das Holz, Eisenbahnschienen in 10 Sekunden. Die Lochmaschine, welche das erforderliche Metallstück herausschneidet und früher fast nur in Münzwerkstätten und Knopffabriken verwendet wurde, macht heute in die feinsten Goldarbeiten die kleinsten Löcher, stößt aber auch in dicke Eisenplatten die Nietlöcher zu Dampfkesseln aus. Die Bohrmaschinen werden namentlich zum Bohren der Kanonen, welche heute nicht mehr hohl gegossen werden, und hohlgegossener Cylinder benutzt; die Kanonenbohrmaschinen sind horizontal, die Cylinderbohrmaschinen auch vertikal. Der Fräsmaschinen bediente man sich früher nur zum Einschneiden der Zähne an Zahnrädern des Räderschneidzeuges, und sie bestand aus einer schnell um ihre Achse laufenden, rings um gekerbten Stahlscheibe; jetzt dient sie allgemein zum Formen und Glätten von Metallflächen. Die Feilmaschine, welche in graden horizontalen Zügen über die zuzurichtende Metallfläche hin und her bewegt wird, ist 1818 von dem Mechaniker v. Reichenbach erfunden; dieser nahe verwandt ist die Hobelmaschine, welche eine große Länge der Meißelschnitte und eine Querverschiebung des Meißels zuläßt. Die Verbesserung der Drehbank, welche schon 1750 in hohem Grade ausgebildet war, erfolgte in neuerer Zeit zu dem Zweck, das Runddrehen mit einem hohen Maße von Genauigkeit auszuführen, andererseits das Drehen sehr schwerer Arbeitsgegenstände zu ermöglichen. Das Fallwerk dient heut unter anderem zur Herstellung der aus Messingblech hohlgestampften Möbelbeschläge; der Prägstock ging aus den Münzwerkstätten in die Knopffabriken und Goldarbeitereien über; durch Hohldrücken werden auf der Drehbank Gefäße und hohle Blechkörper erzeugt, indem man Blechscheiben auf Modellen befestigt und bei rascher Umdrehung durch Anhalten von Druckstählen der Oberfläche des Metalls anschmiegt.

Zu den **Vollendungsarbeiten** gehört das Abbeizen metallener Gegenstände, um dieselben von Oxyd zu reinigen, was seit 1849 durch Holz- oder Steinkohlentheer geschieht; das Schleifen metallener Gegenstände hat durch Erfindung künstlicher Schleifsteine Fortschritte gemacht; das Plattiren, das Ueberziehen eines Metalls mit anderen Metallen hat seit 1750 bedeutende Vervollkommnungen erfahren; das Verzinnen kupferner Gefäße durch geschmolzenes Zinn kannte bereits Plinius, wogegen das schwierigere Verzinnen des Eisens erst 1620 in Böhmen erfunden worden ist nnd die Fabrikation verzinnter Gefäße in Schlesien erst 1831 begann; die Verkupferung gelingt am besten auf mechanischem Wege; das Vergolden ist die älteste Art der Plattirung; die kalte Vergoldung durch Anreiben von Goldzunder soll in Deutschland erfunden sein, aber diese, wie die Feuervergoldung ist jetzt durch die galvanische verdrängt; auch die Versilberung geschieht jetzt auf galvanischen Wege; das Glasiren oder Emailliren eiserner Kochgeschirre ist in Deutschland seit 1820 bekannt.

Von den **Eisen- und Stahlwaaren** sind zuerst die Nägel zu nennen. Dieselben werden durch Handarbeit, aber auch durch Maschinen gefertigt, welche das Eisen theils glühend theils kalt behandeln. Von den Ketten werden die leichten durch Schmiedehandarbeit hergestellt; in Fabriken wird das glühende Stabeisen um einen Cylinder gewickelt und dann in einer Linie durchhauen, so daß das Ganze in Ringe zerfällt, welche in einander gehängt und geschweißt werden; an Stelle der Ankertaue werden jetzt Kettentaue verwendet. Die Güte der Feilen hängt von der richtigen Härtung des Stahls und von dem Hiebe, d. h. von den Einschnitten ab, welche die Schärfe erzeugen; sie werden von handarbeitenden Feilenhauern oder durch Feilenmaschinen hergestellt. Die Sägen werden jetzt meist aus Blech geschnitten, selten geschmiedet, und zum Anlassen derselben nach dem Härten mechanische Vorrichtungen angewendet. Der Hauptsitz der Fabrikation von Messerschmiedewaaren ist Sheffield und Solingen; zu den Klingen wird Gußstahl verwendet und das Ausschmieden derselben durch Walzwerke ersetzt; der Gebrauch der Tischmesser ist erst im 16. Jahrhundert allgemein geworden. Jedes Schloß, welches seinen Zweck erfüllen soll, muß ein Sicherheitsschloß sein; das von Bramah 1784 in London erfundene Schloß ist hohl und am Ende mit Einschnitten versehen, hat aber den Fehler, daß seine Kombinationstheile zart und durch das Schlüsselloch sichtbar sind; das von Chubb in Portsea erfundene Schloß ist im Barte mit mehreren Absätzen oder Stufen versehen, die von verschiedener Länge sind und die entsprechenden Kombinationstheile des Schlosses bewegen. Feuergewehre sind seit 1300 bekannt; die Ladung wurde Anfangs durch eine Lunte entzündet, an deren Stelle ein Jahrhundert später das Luntenschloß und 1650 der Feuerstein trat, welcher bis 1825 angewendet wurde. Gezogene Gewehre sind seit 1650 allgemeiner eingeführt; an Stelle der runden Kugel trat 1840 die später von Minié verbesserte Spitzkugel. Der Feuerstein wurde durch das Perkussionsschloß, bei welchem Knallquecksilber durch den Stoß eines Stahlstiftes entzündet wird, und dieses seit 1820 durch die kupfernen Zündhütchen verdrängt. Die Vervollkommnung des Hinterladers, welcher bereits 1661 in England patentirt war, trat mit der von Dreyse 1828 erfundenen Zündnadel ein, welche 1841 in der preußischen Armee eingeführt wurde; zu den Repetirgewehren, welche voraus mit mehreren getrennten Ladungen versehen sind, gehören die Drehgewehre oder Revolver. Drahtstifte werden aus runden, 3 oder 4kantigem Draht fabrikmäßig hergestellt und die Spitzen durch Pressen zwischen stählernen Backen gefertigt. Die ältesten Stecknadeln erhielten ihren Kopf, wie die geschmiedeten Nägel und Drahtstifte, durch Aufstauchen des Hammers auf das stumpfe Ende; später wurde der Kopf aus zwei schraubenartigen Drahtwindungen gefertigt, was die 1690 in Nürnberg erfundene „Wippe“ wesentlich erleichterte; 1817 konstruirte dann der

Nordamerikaner Hunt eine Stecknadelmaschine, welche den Draht zuschnitt, spitzte und den Kopf wieder durch Aufstauchen des Nadelendes herstellte; jetzt wird das Schneiden und Spitzen wieder durch Handarbeit, das Köpfen durch Aufstauchen eines Maschinenhammers ausgeführt. Die geringsten Nähnadeln werden aus Eisendraht, die besseren aus Stahldraht, die besten aus Gußstahl gefertigt; auf der Mitte eines Drahtstiftes, eines Schachtes werden neben einander zwei Oehre angebracht und dann die Drähte zwischen beiden Oehren durchbrochen, nachdem an der Bruchstelle 100 Schachte auf ein Mal gefeilt sind; das Zuspitzen der Schachte erfolgt durch Maschinen; eine andere Maschine besorgt das Einzählen der Nadeln in Päckchen. Die Kleiderhaken, welche früher durch Handarbeit, die den Draht mit einer Zange bog und mit dem Hammer glatt schlug, hergestellt wurden, werden jetzt von Maschinen gefertigt, welche die Haken regelmäßiger und gleichförmiger machen; auch Fischangeln werden in neuerer Zeit auf maschinellem Wege hergestellt. Die Kratzenfabrikation, das Abschneiden und Biegen des Drahts, das Vorstechen des Leders, das Einschieben der Drähte und das Biegen ihrer Enden besorgt jetzt eine einzige, von dem Nordamerikaner Ellis 1811 erfundene Maschine; die Kratzen werden für Wolle-, Baumwolle- und Wergfabrikation benutzt; die erste deutsche Kratzenfabrik entstand 1815 in Grevenbroich. Drahtseile, aus Eisendraht, wie andere Seile aus gesponnenem Hanf, zusammengesetzt, hat zuerst Albert in Clausthal 1834 zur Grubenförderung angewendet; später sind sie zum Maschinenbetriebe, zu Blitzableitern und Telegraphenkabeln verwendet. Drahtgewebe werden nicht nur als Siebe, sondern auch bei der Papierfabrikation und zu vielen Geräthen benutzt. Zu den ältesten metallenen Kleiderknöpfen gehören die Zinnknöpfe mit Oehr; später erhielten sie statt des Oehres 2 bis 4 kleine, beim Guß entstehende Löcher; die Vereinigung des Ober- und Unterbodens wird auch ohne Löthen durch Umkrempen jenes hinter diesen bewirkt; die ersten biegsamen Oehre fertigte 1825 Sanders in Birmingham; in Deutschland hat sich die Knopffabrikation seit Anfang dieses Jahrhunderts entwickelt.

Münzen werden aus Gold und Silber mit 1 Zehntel Kupferzusatz, Nickel und Kupfer gefertigt; zum Silberschmelzen bedient man sich gußeiserner Tiegel; die gegossenen Zeime werden durch ein Walzwerk gestreckt und verdünnt; mit der Lochmaschine werden die Platten rund aus den Zeimen geschnitten; die Justirwage legt Platte nach Platte auf die Wagschale und wirft die zu leichten oder zu schweren in gesonderte Behälter; das Gepräge wird von beiden Flächen der Geldstücke durch zwei gravirte stählerne Stempel gegeben, welche auf die Platte kräftig aufstoßen; an Stelle des Stoßwerks trat später das Kniehebelwerk, welches das Ausprägen durch Druck bewirkt; um das betrügliche Abfeilen der Münzen zu verhindern, werden dieselben gerändert oder auf dem Rande mit einer Schrift versehen.

Die Gold- und Silberarbeiten haben sich seit 1815 in Deutschland wieder entwickelt, namentlich hat sich die fabrikmäßige Verfertigung leichter Waaren gehoben, welche aus gewalztem Blech durch Drücken auf der Drehbank oder Prägen in Stangen unter dem Fallwerk hergestellt werden; solche Fabriken bestehen namentlich in Berlin, Wien, Hanau und Pforzheim.

Die älteste Geschichte der Uhren liegt im Dunkeln. England soll die erste Schlaguhr 1288 in Westminsterhall, Augsburg die erste Thurmuhr in Deutschland 1364 gehabt, der Nürnberger Peter Hele 1500 die erste Taschenuhr gefertigt haben. Das Gesetz der Pendelschwingung hatte Galilei 1582 entdeckt und sein Sohn soll 1649 den Pendel bei Uhren angewendet haben; die Einführung der Spiralfeder soll 1660 erfolgt sein; Repetiruhren sind eine Erfindung des Engländers Barlow. Den Vorrang in massenhafter Verfertigung guter und wohlfeiler Taschenuhren hat die Schweiz; die Schwarzwälder Uhrenindustrie beschäftigte bereits 1847 mehr als 4000 Uhrmacher und Gehilfen. Den ältesten, den Spindelhemmungen folgten die ruhenden, diesen die freien Hemmungen. Die Kompensationspendel, welche den Einfluß des Temperaturwechsels ausgleichen sollen, sind entweder hölzerne, Quecksilber- oder Stahlpendel. Chronometer besitzen den äußersten Grad von Regelmäßigkeit im Gange. Bei elektrischen Uhren wird die sonst durch Gewicht oder

Feder ausgeübte bewegende Kraft durch den elektrischen Strom erzeugt oder von einer Normaluhr die Zeitenzeiger durch den elektrischen Strom auf andere Zifferblätter übertragen.

Die **Steinbearbeitung** beschäftigt sich zumeist mit dem Sägen der Steine und benutzt hierzu die Schwertsäge, ein eisernes oder kupfernes Blatt ohne Zähne, welches mit Hilfe von Quarzsand und Wasserzufluß wirkt, also eigentlich schleift. Steinsägemühlen sind sehr alte, neuerdings verbesserte Maschinen. Die Steinhaumaschinen wirken durch Meißel mittelst Schlag oder Stoß. Die Steinhobelmaschine üben durch ihre Schneidwerkzeuge eine abschabende Wirkung auf die Steinfläche aus; die Schneidwerkzeuge der Steinfräsmaschinen wirken durch eine drehende Bewegung. Steinerne Röhren werden entweder dadurch hergestellt, daß ein großer, an einer schweren Stange angebrachter Meißel fortwährend gehoben wird, beim Niederfallen Steintrümmerchen absprengt und bei dem folgenden Hub ein wenig um sich selbst gedreht wird; oder man verwendet röhrenförmige Bohrer, welche stumpfkantig sind und mittelst nassen Sandes schleifen oder einen Kranz von meißelähnlichen Schneidzähnen tragen. Künstliche Steine liefern ein Material, welches bei steinartiger Beschaffenheit den Vortheil bietet, durch Pressen oder Gießen in Formen alle beliebigen Gestalten anzunehmen. Gebrannter, gemahlener und mit Wasser durch Gießen verarbeiteter Gips dient namentlich zur künstlichen Nachbildung von Marmor; wird derselbe mit Alaunlösung getränkt, nach dem Trocknen noch einmal gebrannt, dann gemahlen und zu Abgüssen verwendet, so hält er jede Witterung aus und leidet selbst durch längeres Liegen im Wasser nicht. Cement, hydraulischer Mörtel, eignet sich besonders zum Gießen von Ornamenten, Gesimsen und Statuen. Der römische Cement, aus thonhaltigem Kalkstein gebrannter Kalk, welcher unter Wasser erhärtet, ist zuerst 1830 von dem Professor Fuchs in Landshut wissenschaftlich bearbeitet; bei Portlandcement wird der thonige Kalk durch künstliches Gemenge von Kalk und Thon ersetzt und das Fabrikat zu Mörtel, Putz oder Gußwerk verwendet; das von Fuchs entdeckte

Wasserglas dient zur Bildung künstlicher Steinmassen und wurde dessen Auflösung 1845 von Gebr. Siemens in Berlin mit gemahlenem Quarzsande vermischt; Asphaltmasse wird aus Erdharz, Erdtheer, Kalk und Kiessand hergestellt und viel zu Straßenpflaster benutzt.

Die **Thonverarbeitung** ist zuerst von den Mauren in Spanien kultivirt, führte 1450 in Italien zur Herstellung von Majolika und 1490 in Faenza zur Fabrikation von Fayanze, wurde jedoch ebenso wie die 1550 entstandene Fayanzefabrikation in Nevers, durch das Porzellan verdrängt; großen Aufschwung nahm die Thonwaarenverarbeitung seit 1759 durch Wedgwood und erreichte einen hohen Grad technischer und künstlerischer Vollkommenheit; in Deutschland leistete die Thonwaarenfabrikation von Feilner in Berlin, March in Charlottenburg, Villeroy u. Boch in Mettlach bei Trier Vorzügliches. Hohle Mauerziegel werden in Luftleitungskanälen, Gewölbekonstruktionen und Scheidemauern verwendet; feuerfeste Ofenziegel sind zuerst in England, dann auch in Deutschland hergestellt; Thonröhren wurden zu Wasserleitungen und seit 1833 zu Drains verwendet und meist durch Maschinen gefertigt; englisches Steingut, aus festgebrannter hellglasartiger dichter Masse bestehend, wird namentlich in England und in den Rheingegenden hergestellt und dient zu verschiedenartigen Geschirren. Das Porzellan ist 1709 bei Gelegenheit alchemistischer Versuche von Boettcher in Dresden erfunden und 1710 wurde die erste Porzellanfabrik in Meißen errichtet; demnächst sind Porzellanfabriken in Wien und Höchst, 1750 in Berlin und an zahlreichen Orten Deutschlands begründet; die berühmteste französische Porzellanfabrik ist die 1756 in Sevres errichtete, welche früher nur das dem Glase nahestehende Frittenporzellan herstellte; in England wird meist nur weiches Porzellan fabrizirt; seit 1790 wurde in Berlin eine Art Halbporzellan, das Gesundheitsgeschirr gefertigt.

Zur Vorbereitung des Materials der Thonwaaren dient die Thonmühle, welche aus einem cylindrigen oder kegelförmigen Gefäße mit einer darin sich drehenden messerbesetzten Welle besteht und, vielfach modifizirt, die Reinigung des Thons im nassen teigartigen Zustande bewirkt; derselbe Zweck wird durch Mahlen in trocknem Zustande und nachfolgendes Sieben, so wie durch Schlemmen erreicht. Das Formen der Thonwaaren geschieht entweder durch die Töpferscheibe, welche durch ein, von Handarbeit oder Dampfkraft bewegtes Schwungrad getrieben wird, oder durch Formen in Gips, gebranntem Thon, so wie Eisenblech, oder durch Maschinen, deren Wirkung meist darauf beruht, daß sie die Thonmasse in eine Form hineinpressen oder durch eine Oeffnung von bestimmter Gestalt hindurchtreiben; die neuerdings am meisten angewendeten Ziegelmaschinen sind nach dem System der Röhrenpressung gearbeitet.

Als Brennoefen für Ziegel dienten ursprünglich Meiler, demnächst offene und dann geschlossene Oefen; jetzt werden meist die von Hoffmann in Berlin seit 1858 verbreiteten Ringöfen benutzt, welche mehrere Brennkammern in einem runden Bau so vereinigen, daß die Kammern durch beliebig zu schließende Oeffnungen unter einander, so wie mit dem Schornstein in Verbindung stehen und einige Kammern vorgewärmt, andere mit rohen Ziegeln belegt, andere in vollem Brande, andere im Abkühlen begriffen sind. Zum Brennen des Töpfergeschirrs, Steinguts und Porzellans wurden früher liegende und werden jetzt stehende Oefen benutzt. Als Brennmaterial wurde früher Holz, Torf und Stroh verwendet, jetzt braucht man Stein- oder Braunkohlen oder Gas.

Die aus Sand und Bleioxyd bestehende Glasur gemeiner Toepferwaaren ist uralt, die Salzglasur 1680 erfunden, die durchsichtige bleioxydhaltige Glasur der Fayanze, die bleifreien Glasuren des Porzellan sind mit diesen Thonwaarengattungen in Gebrauch gekommen. Für Dekorirung der Thonwaaren hat die fortgeschrittene Chemie reichliche Mittel an die Hand gegeben; die unter dem Namen Lüster bekannten dünnen Metallüberzüge sind erst in unserm Jahrhundert hergestellt; auf Fayanze werden auch Kupferstiche überdruckt und auf Porzellan photographische Darstellungen befestigt.

Die **Glasfabrikation** war schon den Aegyptern und Phöniziern, Griechen und Römern bekannt; seit 1200 etwa blühte sie in Venedig, kam von hier um 1400 nach Böhmen und breitete sich dann weiter aus. Das Glas besteht aus

Kieselerde, Kali oder Natron und Kalk oder Bleioxyd. Das älteste Glas war Natronglas, welches auch heute das verbreiteste ist; seit 1766 wird Glaubersalz zum Glasschmelzen verwendet; englisches Crystallglas, zu welchem Bleioxyd benutzt wird, ist seit 1820 in Böhmen hergestellt; sehr viel Bleioxyd enthält das zu optischen Zwecken gebrauchte Flintglas; das rothe Rubinglas wird durch Gold gefärbt und ist 1679 von Kunckel erfunden; das den Römern bekannte Porporino hat Pettenkofer 1847 nachgeahmt. Künstliche Edelsteine, wozu das Straß, eine farblose Glasmasse benutzt wird, sind zuerst in Böhmen verfertigt. Die früher runde Form der Glasöfen ist durch die länglich viereckige, welche für das Heizen günstiger ist, verdrängt, welche zwei Reihen Schmelzhäfen enthält; zum Heizen wird Holz, Torf, Kohle oder Gas verwendet. Das geblasene Tafelglas ist entweder Mondglas, welches in kreisrunden Scheiben hergestellt wird, oder Walzenglas, welches durch Oeffnen und Strecken geblasener Holzcylinder entsteht und jetzt vorherrschend fabrizirt wird. Die Formen zur Fabrikation von Hohlglas wurden früher aus Holz oder Thon und werden jetzt aus Messing oder Gußeisen hergestellt; das in Formen gefertigte Glas heißt gepreßtes Glas. Das Plattiren oder Ueberziehen des Glaskörpers mit einer dünnen Schicht andersfarbigen Glases wird zur Erlangung eigenthümlicher Farbenwirkungen benutzt und ist besonders von böhmischen Fabriken vervollkommnet. Filigranglas wird aus durchsichtigem farblosem Glase hergestellt, in welches farbige Glasfäden so verschmolzen werden, daß sie nebeneinander herlaufen oder in mannigfachen Windungen gelegt sind, so daß sie das Ansehen eines feinen lockeren Gewebes haben; die Herstellung solcher Gläser war Geheimniß der Venetianer, welche sie bereits um 1550 anfertigten, bis 1840 Tissot in Paris und Pohl auf der Josephinenhütte bei Schreiberhau die Filigrangläser nacherfanden. Millefiori besteht aus buntfarbigen Glasstückchen, welche nach Mustern geordnet und durch farbloses Glas umschlossen werden, und diese Gläser wurden früh in Venedig verfertigt, sind aber seit 1833 von Fuß in Schönebeck und dann von Anderen vortrefflich nachgeahmt. Zur Herstellung von Glasinkrustationen umhüllt man Porzellanreliefs mit flüssigem Krystallglas, wodurch dieselben einen dem Silber ähnlichen Metallglanz erhalten; seit 1818 sind sie in Paris, seit 1819 in London, seit 1826 auf Anweisung von Altmüller auch in Böhmen verfertigt. Die Glasschleiferei, die Glasschneiderei und Glasgravirung erhielt ihre Ausbildung seit 1732 in Böhmen und ist von hier nach England und Frankreich übergeführt. Das Aetzen des Glases zur Dekorirung desselben ist seit Erfindung der Flußsäure durch Schuh, 1771, allgemeiner bekannt geworden; Stein- oder Kupferdrucke werden mit der Bildseite auf das Glas geklebt und das geätzte Glas zeigt dann das Bild. Musselinglas entsteht aus farblosen Glastafeln, welche mit Terpentinöl und Knochenasche und einem Fluß von Kieselerde und Bronce dünn überpinselt werden, auf welche dann eine mit ausgeschnittenen Zeichnungen versehene Schablone gelegt wird, aus deren offenen Stellen man den Anstrich herausbürstet; ein ähnliches Fabrikat ist das Eisblumenglas, welches zuerst Anton Schulz in Hamburg 1863 verfertigte. Um das Wiederaufblühen der Glasmalerei haben sich Siegmund und Samuel Mohn, so wie Frank in München zu Anfang unseres Jahrhunderts verdient gemacht. Zur Spiegelfabrikation wird der Glasspiegel mit Zinnfolie und Quecksilber belegt; die Spiegelfabriken in Nürnberg und Fürth schreiben ihren Ursprung aus dem Jahre 1706 her, die erste preußische Spiegelfabrik wurde 1695 in Neustadt a. d. D. errichtet; als Erfinder der Spiegelgießerei wird Thenart in Paris, 1688, genannt; das Schleifen und Poliren der Spiegel wird jetzt meist durch Maschinen besorgt.

Zur **Holzverarbeitung** ist zunächst das Trocknen des Holzes auf künstlichem Wege erforderlich, welches in gußeisernen, durch Dampf erwärmten Cylindern oder in Trockenkammern durch erhitzte Luft oder durch direkte Berührung des Holzes mit der Feuerluft bewirkt wird. Das Auslaugen des Holzes, die Entziehung der Saftstoffe desselben, geschieht jetzt meist durch Wasserdämpfe. Das Imprägniren, das Tränken des Holzes, um ihm größere Dauerhaftigkeit zu geben, erfolgt jetzt meist in der Art, daß den in einem starken eisernen Behälter eingeschlossenen Hölzern durch eine Druckpumpe Kupfervitriol, Chlorzink oder Steinkohlenoel eingepreßt wird.

Die Sägemühlen baut man seit Anfang unseres Jahrhunderts mit eisernen Gestellen, betreibt sie mit Dampfmaschinen, verwendet dünnere und mit besserer Zahnung versehene Sägeblätter, erhöht die Geschwindigkeit der Bewegung, vervollkommnet den Mechanismus zur Vorführung des Holzes an die Säge und gebraucht Sägegatter mit mehreren Sägen; seit derselben Zeit sind auch die Kreissägen in Aufnahme gekommen; der Gebrauch der Bandsägen, welche aus einem, wie ein endloser Riemen über Scheiben gelegten und umgetriebenem Sägeblatte bestehen, ist seit 1836 allgemeiner geworden; zum Sägen des Holzes in sehr dünne Blätter werden zur Zeit fast nur horizontale Fourniermaschinen benutzt. Zur Herstellung der Zündhölzer wird eine Spaltmaschine verwendet, welche einen bis zu 0,9 Meter langen und 25 Millimeter im Quadrat dicken Holzstab in eine, durch etwa 400 kleine runde Löcher enthaltende Stahlplatte hindurchpreßt und hindurchzieht. Die Fournierhobelmaschine stellt Blätter von äußerst geringer Dicke her und vermeidet allen Holzabfall.

Von den Werkzeugmaschinen, welche übrigens für die Holzverarbeitung viel später als für die Metallverarbeitung eingeführt worden, sind hervorzuheben: Stämmmaschinen, welche hauptsächlich zum Ausstämmen der Zapfenlöcher und zum Anstoßen der Zapfen an dem Ende hölzerner Bestandtheile verwendet werden; Hobelmaschinen, bei welchen die Arbeitsbewegung eine kreisende oder gradlinige ist; Fräsmaschinen, welche das Prinzip des Fräsens von der Metall- auf die Holzbearbeitung übertragen; Bohrmaschinen, von denen dasselbe gilt; Drehmaschinen, welche Drehbänke mit Spindel und Schwungrad allgemein gemacht haben und beispielsweise die Zündholzkästchen verfertigen; Schnitzmaschinen, welche auf flachen Holztafeln Reliefverzierungen hervorbringen; Apparate zum Biegen des Holzes sind zu Schiffsbauzwecken in England schon um 1720 verwendet, und für Möbel hat sie Thonet seit 1834 benutzt, welcher das Holz in einer Leimauflösung kocht.

Zu den Vollendungsarbeiten gehört das Beizen

oder Färben des Holzes, das Schleifen und Poliren der Holzarbeiten; zum Schleifen wird Glas- und Sandpapier, zum Poliren Schellack verwendet. Eingelegte Arbeit ist in unserem Jahrhundert wieder in Aufnahme gekommen und dabei durch die Erfindung der Leimfournure wesentliche Förderung erreicht.

Kautschuk kam um 1720 aus Amerika nach England und wurde pr. Unze mit einem £ bezahlt; nach 1750 kostete ein 1/2 Zoll großes Quadratstück Gummi zum Ausradiren 3 sh.; de la Condamine entdeckte 1740, daß Gummi der eingetrocknete Milchsaft eines südamerikanischen Baumes sei, und berichtete, daß die Indianer aus Gummi Flaschen, Stiefel und wasserdichtes Packtuch bereiteten, schickte auch eine größere Menge Gummi an die Pariser Akademie. Doch lange Zeit blieb Gummi von der Industrie unbeachtet. Erst 1823 trat Macintosh mit seinen wasserdichten Gummistoffen hervor, welche aus zwei Gewebeschichten mit dazwischen liegendem, durch Steinkohlentheer aufgelöstem Kautschuk bestehen; Nickels in London erfand 1830 die Gummiknetmaschine; Gödersdorff in Berlin entdeckte 1832, daß der in Terpentinöl aufgeweichte Gummi durch Beimischen von Schwefel die Klebrigkeit verliert, und hierauf beruht die zuerst von Goodyear in Connecticut 1839 vorgenommene Fabrikation von vulkanisirtem Kautschuk, aus welchem Gummischuhe gefertigt werden; durch stärkeren Zusatz von Schwefel wird Hartgummi, hornisirter Kautschuk gefertigt; in Deutschland machte die Verarbeitung des Kautschuk bedeutende Fortschritte durch Fonrobert in Berlin.

Guttapercha, der Rückstand eines milchartigen Baumsaftes, ist härter und weniger elastisch als Kautschuk, besitzt eine lederartige Zähigkeit und kann bis 60° Cls. wie Wachs geformt werden; 1843 wurde sie von Ostindien nach England gebracht und die Einfuhr war bereits bis 1885 auf fast 30000 Ctr. gestiegen; man verwendet sie zu Röhren, Treibriemen, Spazierstöcken, Sohlen u. s. w.; zur Isolirung der Telegraphendrähte unter Wasser ist sie unersetzlich; auch Guttapercha wird, wenn man ihr größere Härte geben will, vulkanisirt.

Was die Bearbeitung der **Thierhäute** betrifft, so

ist zuerst die Lohgerberei zu erwähnen. Diese verdankte ihre Fortschritte mehr dem Empirin, als der chemischen Wissenschaft; der dabei wirksame Stoff, die Gerbsäure wurde erst 1795 als eigenthümlicher Körper erkannt. Die Lohgerberei stammt aus dem Orient und ist von dort nach Europa übertragen; das Enthaaren durch Gaskalk wurde durch Böttcher in Frankfurt a. M. empfohlen und 1839 in Berlin angewendet; das Gerben in Lohbrühen, die Schnellgerberei, welche bei dünneren Ledergattungen den Vorzug verdient, wurde 1769 von Macbride angegeben; das Lackiren des Leders und das Färben der feineren Ledergattungen, namentlich durch Anilinfarben hat bedeutende Fortschritte gemacht; zum Verdichten des Sohlleders bedient man sich der Hämmer, welche durch Maschinen getrieben werden.

Gespaltenes Leder ist derartig zertheilt, daß die Narbenseite von der Fleischseite getrennt wird und zwei Blätter entstehen; verschiedene Lederspaltmaschinen sind seit 1777 erfunden; die Lederspalterei wird auch zur Herstellung hohler Gegenstände ohne Nath angewendet.

Für die Schuhmacherei wurden mechanische Vorrichtungen zum Zuschneiden der Sohlen und des Oberleders erfunden, das Nähen durch Einführung der genagelten Fußbekleidung seit 1810 allmählig beseitigt und für feineres Schuhwerk die Nähmaschine benutzt; Holzstiftmaschinen sind seit 1860 auch in Deutschland errichtet.

Die Handschuhfabrikation, namentlich die von Handschuhen aus feinem weißgaren, sog. Glaceleder kam aus Frankreich etwa 1680 durch refugéls nach Deutschland, und dies erklärt die Bezeichnung „französische Handschuhmacher". Die erste Handschuhfabrik nach französischer Art entstand in Preußen 1828. Die Apparate zum mechanischen Vorzeichnen der Handschuhe auf dem Leder und die Nähmaschine, eine Art Zange, welche das Leder dicht am Rande faßt und der Nadel die Stelle, wo sie einstechen muß, anweist, sind französische Erfindungen.

In der **Textilindustrie** ist die der Baumwolle am bedeutendsten. Baumwolle ist ein flaumartiger, fasriger Stoff, welcher die Samenkörner der Baumwollenstaude einhüllt. Diese wurde schon im alten Egypten gepflanzt und verarbeitet, doch ging die Kultur derselben dort vollständig ein und ist erst 1820 durch Muhamed Ali wieder aufgenommen. Die älteste Heimath der Baumwolle aber ist Ostindien und von hier verbreitete sich dieselbe nach China und Vorderasien, Griechenland und Spanien. In Amerika war sie schon vor Christoph Columbus bekannt. Die Araber brachten den Anbau und die Verarbeitung der Baumwolle nach Europa und die Kultur derselben gelangte in Spanien um 1150 zu hoher Blüthe; in Venedig kam die Baumwollmanufaktur um 1320 in Schwung. Von hier gelangte die Baumwollenindustrie nach Zürich und Augsburg; die Holländer sollen zuerst indischen Kattun gefertigt haben. Protestantische Flüchtlinge brachten die Baumwollmanufaktur unter Heinrich VIII nach England, und Manchester wurde der Hauptsitz der Baumwollspinnerei und Weberei. Bis in das 18. Jahrhundert hinein aber wurde alles Baumwollengarn mit der Hand auf dem Spinnrade gesponnen. Die erste Spinnmaschine war schon 1730 von Wyatt in Birmingham erfunden, doch der eigentliche Schöpfer der Baumwollspinnerei ist Arkwright, der durch seltenes mechanisches Talent und beharrliche Thätigkeit 1769 eine brauchbare Spinnmaschine herstellte und bis 1775 wesentlich verbesserte. Diese Maschine wurde, weil durch Wasser getrieben, Watermaschine genannt, konnte jedoch weder feines noch schwach gedrehtes Garn spinnen. Im Jahre 1770 nahm Hargreavis ein Patent auf die von ihm erfundene Jennymaschine, welche sich durch ihre Einfachheit empfahl und mit beliebig schwacher Drehung spann. Diese hat dann der Mulemaschine Platz gemacht, welche Gespinnste von der größten Feinheit lieferte; sie war 1779 von Crompton hergestellt. Die vollkommenste aller Spinnmaschinen ist der Selfactor, welcher alle Arbeitsbewegungen selbst besorgt und 1825 von Roberts konstruirt wurde; derselbe bildet zuerst ein etwa 1½ Meter langes Fadenstück und wickelt dann den Faden auf stählerne Spindeln, welche auf einem Wagen angebracht sind, der nach der Aufwickelung des Fadens zurückführt und seine Tour wieder beginnt, nachdem das neue Fadenstück gebildet ist. Dem Spinnen voran geht das Reinigen und Auflockern der Baumwolle, das Kratzen oder Strempeln derselben, das Strecken und Vorspinnen der Baumwolle; für alle diese Manipulationen sind maschinelle Vorrichtungen vorhanden.

Der Baumwollenverbrauch Europa's stieg von 518 Mill. kg. im Jahre 1846 auf 1156 Mill. kg. im Jahre 1881, die Zahl der Spindeln von 11800000 im Jahre 1832 auf 58½ Mill. im Jahre 1880. Den ersten Rang nimmt England mit 39½ Mill. Spindeln ein, dann folgt Frankreich mit 4600000, Deutschland mit 4200000, Rußland mit 2800000, die Schweiz mit 1900000, Spanien mit 1800000, Oesterreich mit 1600000 ein; in den vereinigten Staaten Nordamerika's sind 11 Mill. Spindeln thätig. Der Preis für ein Pfd. feines Baumwollengarn in England fiel von 6 M. im Jahre 1781 auf 2½ M. im Jahre 1881, stieg jedoch, als in Folge des nordamerikanischen Bürgerkrieges die Einfuhr von Baumwolle von 10 Mill. Ctr. im Jahre 1860 auf 58000 Ctr. im Jahre 1863 heruntergegangen war, 1864 auf mehr als das Vierfache.

Die Flachs- und Hanfindustrie steht hinter der der Baumwolle weit zurück. Aus den Bastfasern des Stengels der Leinpflanze, welche in sehr frühen Zeiten vom Orient eingeführt ist, wird der Flachs bereitet und der Flachsbau meist von kleinen Grundbesitzern betrieben, welche auch die Flachsbereitung in Händen haben; derselbe hat jedoch eher ab- als zugenommen. Durch das Rösten des Flachses wird die reine Faser von den löslichen Theilen und der klebeartigen Substanz des Stengels getrennt; das Brechen, die Trennung der Holztheilchen von der Faser, wird durch die Handbreche oder durch Brechmaschinen besorgt und jene Trennung durch das Schwingen des Flachses vollendet; für das Spinnen bereitet man den Flachs durch die Hechel vor, welche aus einem auf einem Brette befestigten System aufrechter Nadeln besteht. Das Spinnrad, welches 1533 von Jürgens in Wolfenbüttel erfunden wurde, ist für den Großbetrieb durch die Spinnmaschine, für welche Philippe de Girard 1810 ein Patent erhielt, vollständig verdrängt. Die jetzt verbreitetste Maschine ist die Naßfeinspinnmaschine, bei welcher der Garnfaden, ehe er zu den Einzugswalzen gelangt, durch heißes Wasser gezogen wird. Die erste mechanische Flachsspinnerei wurde 1829 in Leeds errichtet und England ging auch auf diesem Gebiete der Industrie voran. Zur Zeit sind mehr als 3 Millionen mechanische Flachsspindeln in Thätigkeit, wovon jedoch auf Deutschland nur etwa der 40. Theil entfällt.

Der Hanf, dessen Zubereitung wesentlich mit der des Flachses übereinstimmt, wegen Dicke der Stengel aber für die maschinelle Bearbeitung mehr Schwierigkeiten als der Flachs bietet, wird fast nur für Seilwerk und Segeltuch verwendet; die Jahresproduktion desselben beträgt in Deutschland etwa 70 Millionen Kilogramm. Von überseeischen Pflanzenfaserstoffen ist namentlich die Jute, welche aus Ostindien stammt, zu erwähnen; auch die Jute wird, um den Bast von der Faser zu trennen, wie der Flachs geröstet, demnächst entweder in lange Risten zerschnitten und wie Flachs verarbeitet oder in kurze Fasern zerrissen und auf Kurden und Streckmaschinen behandelt, nachdem die Fasern vorher einem Einweicheprozesse unterworfen sind. Auch die Spinnerei der Jute ist der Flachsspinnerei ähnlich und das Weben derselben erfolgt wie das der andern Gespinnste; aus Jute werden verschiedene Gewebe, namentlich auch Teppiche, Läufer, Tischdecken und Vorhänge hergestellt. Von anderen überseeischen Pflanzenfaserstoffen ist Chinagras, Manilahanf und Kokosbast zu nennen.

Die Seilerei, Verfertigung von Seilen aus Faserstoffen, wird handwerks- oder fabriksgemäß betrieben; dort sind die Arbeitsgeräthe wesentlich noch dieselben, wie vor Jahrhunderten; der fabrikmäßige Betrieb erlangte seine Vervollkommnung zu Anfang unsers Jahrhunderts durch den englischen Schiffer Kapitän Josef Huddart, welcher die Garnfäden durch eine Platte mit konzentrischen Löcherkreisen, das sog. Register gehen ließ und sie dann durch eine Röhre leitete, deren engste Stelle nur so weit ist, daß die Fäden mühsam hindurchgezogen werden können; beim Austritt aus der Röhre werden die Fäden an den Ausziehwagen befestigt, und die Maschinen zum Drehen der Litzen und zur Vereinigung derselben in ein Tau spannen entweder das Tau längs der Bahn aus oder rollen es auf einer Walze auf. Das Tauwerk wird in der Regel aus Hanf hergestellt.

Die *Wollspinnerei*, die Verarbeitung der Haare von Schafen zu gedrehten Fäden, benutzt entweder die aus kurzem stark gekräuselten Haaren bestehende Streichwolle und heißt dann *Streichgarnspinnerei*, oder die längere weniger gekräuselte Kammwolle und heißt dann *Kammgarnspinnerei*. Nachdem die Wolle von den groben Unreinigkeiten, dem Wollschweiß befreit ist, wird dieselbe auf sog. Wolfen entstäubt, durch Waschmaschinen, sog. Luwiathen's entfettet, auf Quetschmaschinen entwässert und in Centrifugen getrocknet; ist die Wolle dann e färbt, so wird sie, vor der Verarbeitung zu *Streichgarn*, durch Wolfen getrocknet, ein wenig geölt, durch das Krempeln gestreckt und zum Spinnen vorbereitet; die Watermaschine ist, wie bei der Baumwollenspinnerei, von der Ringspinnmaschine, welche regelmäßiges festes Garn liefert, und den Salfaktor immer mehr verdrängt. Bei der *Kammgarnspinnerei* wird die Wolle nur sehr wenig geölt; auf den Walzenkarden erfolgt die Bildung der Bänder, welche auf Spulen gewickelt und gestreckt werden; auf den Doublirmaschinen wird die Aufwickelung der Bänder um eine Walze und dann das Kämmen auf den Kämmemaschinen bewirkt; das Feinspinnen geschieht theils auf Watermaschinen, theils auf dem Salfaktor. Die Herstellung von *Kunst*- oder *Lumpenwolle* durch Zerreißen und Zerfasern wollener Lumpen stammt aus England; wird die Wolle aus den Ueberbleibseln gewirkter Wollwaaren gewonnen, so heißt der Stoff „*Schoddy*“, wird sie aus Tuch gewonnen, so nennt man den Stoff „*Mungo*“. In Deutschland fand die Maschinenspinnerei erst zwischen 1815 und 1820 Eingang.

Die *Zwirnfabrikation* wurde vor Erfindung der Spinnmaschinen durch sehr unvollkommene Zwirnmaschinen bewirkt, welche man bereits in der ersten Hälfte des 18. Jahrhunderts kannte; die auf dem Prinzipe der Spinnmaschinen konstruirten Zwirnmaschinen sind Jenny-, Mule- und Water-Zwirnmaschinen, von denen die letzten die gebräuchlichsten sind; durch Imprägniren der Fäden mit Kleister während des Spinnens werden die *Eisengarne* hergestellt; den *Glanzzwirnen*, welche überaus dicht auf Spulen gewunden werden, wird der Glanz dnrch Druck und Reibung gegeben; die Knäuelwickelmaschine war bereits 1819 in England in Gebrauch und ist neuerdings erheblich verbessert.

Seide ist der aus dem Sekret der Spinndrüse einer Raupe entstehende Faden, aus welchem die Raupe zum Zweck der Verpuppung einen Kokon spinnt. Nachdem die Puppe vor dem Auskriechen durch hochgradige Temperatur oder durch Wasserdämpfe getödtet ist, wird der Kokonfaden abgehaspelt und die Rohseide auf einer Maschine sortirt und gezwirnt; Rohseide ist hart, auch steif und ohne Glanz und wird erst, nachdem sie entschält, von dem Seidenleim und Farbstoff befreit ist, glänzend und weich. Der Seidenbau und die Seidenmanufaktur in China wird bereits 2600 v. Chr. erwähnt; die Griechen scheinen die Seide durch den Eroberungszug Alexanders nach Indien kennen gelernt zu haben, 220 n. Chr. wurde Rohseide nach Italien gebracht, im 8. Jahrhundert gelangte der Seidenbau durch die Araber nach Spanien, die Seidenindustrie Venedigs war bereits im 15. Jahrhundert berühmt und 1667 übertraf Frankreich in der Seidenindustrie alle Länder. Die Einführung der Seidenbauzucht ist in verschiedenen Ländern, auch in Preußen versucht; beim Tode Friedrich des Großen schätzte man die Rohseidenerzeugung im Staate auf 14000 Pfund., sie verfiel jedoch wieder und auch der 1843 erneuerte Versuch war nicht von nachhaltigem Erfolge. Die europäische Seidenzucht blüht in Italien, Spanien, Portugal, Griechenland und in der Türkei; die Gesammtproduktion beträgt mehr als 9 Millionen kg. und hiervon entfallen auf Italien fast 3 Millionen, während China mehr als 3 Mill. kg. ausführt. Die Hauptfabrikationsorte sind in Deutschland: Krefeld, Elberfeld und Berlin; in Frankreich: Lyon und St. Etienne; in England: Manchester und Glasgow; in der Schweiz: Basel und Zürich.

Bei der Weberei, dem Vereinigen gesponnener Fäden zu Herstellung von Zeugen, kommen zunächst die Vorbereitungsarbeiten, das Spulen, Scheren, Schlichten und Aufbäumen in Betracht, welche zur Herstellung der Kette, der im Webstuhl der Länge nach laufenden Fäden, und des Einschusses, der die Kette durchschneidenden Fäden, erforderlich sind. Das Spulen der Kette wird durch das Spulrad, welches dem

Handspinnrade ähnlich ist, oder die Spulmaschine bewirkt: durch das Scheren werden die zur Kette erforderlichen Fäden in gleichen Längen abgemessen und zusammen gelegt; die so vorbereitete Kette wird in der Breite des Stoffs um den Kettenbaum gewunden, aufgebäumt, nachdem die Kette zuvor durch die Schlichtmaschine geleimt worden. Die Schiffchen oder Schützen, welche zur Herstellung des Einschusses dienen, sind kleine kahnförmige Behälter, welche die Schußspulen enthalten und entweder mit der Hand geworfen oder durch Anschlagen eines Brettes geschnellt werden. Man unterscheidet Handwebestühle, welche durch die Hand in Thätigkeit gesetzt werden, und mechanische Webstühle oder Kraftstühle, welche eine Maschine treibt. Zur Herstellung mehrerer Bänder auf demselben Webstuhle dient der Schubstuhl oder die Bandmühle. Der älteste Entwurf eines mechanischen Webstuhls wurde 1678 von de Genne gemacht, 1745 baute Vaucanson eine Webemaschine und 1784 konstruirte Cartwright einen mechanischen Webstuhl. Die Unvollkommenheiten dieser Maschine beseitigte 1822 Richard Roberts in Manchester und nun bevölkerten die Kraftstühle schnell die Manufakturen Englands und Schottlands, so daß man bald nicht nur baumwollene sondern auch wollene, seidene und leinene Stoffe auf Kraftstühlen fabrizirte und die mechanische Weberei sich über die ganze industrielle Welt verbreitete.

Die Musterweberei hat in unserm Jahrhundert eine gänzliche Umgestaltung erfahren. An Stelle der Trittmaschine ist, unter Benutzung der von Vaucanson erfundenen Trommelmaschine, die von Josef Marie Jacquard 1808 vollendete und nach ihm benannte Jacquardmaschine getreten, welche einen überaus geringen Raum einnimmt, durch Vermehrung der Pappblätter, der Karten das Muster über die ganze Zeuglänge zu erstrecken gestattet, durch Vermehrung der Platinen, der Hebehaken das Muster auch in der Breite mit voller Freiheit auszuführen ermöglicht, die Musterpappen für den künftigen Gebrauch aufzubewahren erlaubt und den Stuhl während der Vorbereitung eines neuen Musters weiter arbeiten läßt, während bei den alten Zugstühlen das Weben so lange unterbrochen werden mußte, bis das Schnurwerk vorgerichtet war. Die Jacquardmaschine ist später namentlich durch die Kartenschlag- und Kartenkopirmaschine verbessert. Die auf dem Webstuhl in Plattstichmanier gestickten Stoffe, besonders Musseline werden vorzüglich in der Schweiz und im Königreich Sachsen fabrizirt.

Die Sammetweberei hat jetzt in allen Textilindustrieländern Eingang gefunden, nachdem sie bereits zur römischen Kaiserzeit begonnen und während des 13. Jahrhunderts in Italien und Konstantinopel geblüht hatte. Das Charakteristische des Sammet bildet die auf dem leinwandartigen Grundgewebe hergestellte Haardecke. Der Seidensammet ist gerissener oder ungerissener, je nachdem die bei dem Weben gebildeten Noppen, kleine Schleifen aufgeschnitten werden oder unaufgeschnitten bleiben; Wollsammet wird aus Kammgarn hergestellt; bei geripptem Sammet oder Rips werden die Noppen von dicken Einschlagfäden durchzogen; bei dem baumwollenen Sammet, Manchester, werden die frei liegenden Einschlagfäden aufgeschnitten, gebürstet und geschoren; Falbel und Plüsch haben längere Haare als der gewöhnliche Sammet.

Die Strumpfwirkerei, welche das Handstricken ersetzen soll, ist bereits 1590 von William Lee erfunden, wurde nach Deutschland gegen Ende des 17. Jahrhunderts durch eingewanderte Franzosen gebracht, blüht besonders in Nottingham, Lancaster und Derby, sowie im Königreich Sachsen; in Frankreich werden vorzügliche seidene Strümpfe fabrizirt. Bei dem Kullirstuhle wird das Produkt aus einem einzigen, fortlaufenden, in dem Stoffe hin und her gehenden Faden gebildet; bei dem Kettenstuhl wird eine Kette von vielen gerollten Fäden aufgespannt und die Maschenbildung durch Ueberlegen dieser Fäden von einer Nadel zur andern bewerkstelligt; der Rund- oder Schlauchstuhl liefert ein cylindriges schlauchförmiges Gewirk.

Spitzen, ein aus feinen Garnfäden bestehendes Gebilde, welches auf durchsichtigem Grunde ein aus dichteren Fäden hergestelltes Muster zeigt, haben ihren Namen von den älteren, spitzauslaufenden Randbesätzen. Sie werden fabrikmäßig auf der Klöppelmaschine, dem Wirkstuhl oder auf der Bobbinetmaschine hergestellt; bei der letzteren werden die Einschußfäden auf bewegliche Spulen, bobbins gewunden und davon heißt die Maschine, wie das Fabrikat „Bobbinet“. Das Fabrikat, welches auf der, dem Erfinder John Heathcoat 1809 patentirten Maschine hergestellt wurde, fand so allgemeinen Beifall und warf so bedeutenden Gewinn ab, daß die Fabrikanten in Nottingham bei der Regierung ein, durch die Androhung der Deportation unterstütztes Ausfuhrverbot der Bobbinetmaschinen erreichten und einen Ring bildeten, um die Ausfuhr zu verhindern. Trotzdem gelang 1817 der Export zweier Maschinen nach Frankreich und seitdem ist die Spitzenfabrikation auch hier und in Deutschland aufgekommen.

Das erste Patent auf eine Nähmaschine erhielt der Engländer Thomas Saint bereits 1790; ein anderes Patent erhielten 1804 Thomas Stone und James Henderson, welche durch den Mechanismus alle Bewegungen der mit einer Nadel nähenden Hand nachahmen wollten, aber nur eine „überwendliche“ Naht herstellen konnten; 1814 konstruirte der Schneidermeister Madersperger in Wien eine Nähmaschine, deren Nadel zwei Spitzen und das Oehr in der Mitte hatte, aber nach etwa 130 Stichen von Neuem eingefädelt werden mußte; 1830 wurde Thimonnier mit einer Nähmaschine patentirt, deren Nadel mit einem Häckchen versehen war und Kettenstiche nähte. Alle diese Nähmaschinen arbeiteten aber nur mit einem Faden, machten nur wenige Arten von Nähten und ihre Bewegungen waren weder schnell noch sicher. Auf die später erfolgreich gewordene Methode ist zuerst Walter Hunt in New-York 1834 gekommen, indem er die Anwendung eines der Weberspule ähnlichen Schiffchens versuchte. Diese Idee führte dann Elias Howe praktisch durch, indem er eine 1846 patentirte Nähmaschine konstruirte, deren einspitzige Nadel das Oehr nahe bei deren Spitze hat, nur bis etwas über das Oehr hinaus durch den Stoff geht und bei ihrem Rückgange eine Schleife bildet, durch welche ein zweiter Faden gezogen wird, welchen das Schiffchen einbringt; so entstand eine bis dahin ganz unbekannte Naht, welcher man die Bezeichnung Kappnaht gegeben hat. Durch J. M. Singer in New-York hat dann die Schiffchenmaschine wesentliche Verbesserungen erfahren; Wilson ließ sich 1852 eine Nähmaschine patentiren, welche statt des Schiffchens einen rotirenden Haken, Greifer genannt, mit ruhender Spule anwendet; Grover erhielt in demselben Jahre ein Patent auf eine Maschine, welche ohne Schiffchen den doppelten Kettenstich macht. Das Singersche System eignet sich besonders für die Haushaltung, das von Wilson für die gewerbliche Weißnäherei, das von Grovor für Ziernähte. Die Knopflochnähmaschinen führen mittelst eines eigenthümlichen Stichs das Einsäumen der Knopflöcher aus. Die Nähmaschinen werden entweder durch eine Handkurbel oder durch Trittvorrichtung, in größeren Fabriken auch durch Wasserkraft oder andere Motoren in Bewegung gesetzt. Die bedeutendste Nähmaschinenfabrikation hat Nordamerika, demnächst folgt Deutschland, wo die erste Fabrik im Anfange der 60. Jahre von Pollack, Schmidt u. Comp. in Hamburg angelegt wurde und zu den Hauptfabrikationsorten Berlin, Dresden, Bielefeld und Kaiserslautern gehören; in England und Frankreich hat die Nähmaschinenindustrie erst neuerdings Aufschwung genommen.

Eine Stickmaschine, welche mit Reihen zweispitziger Nadeln, deren Oehr sich in der Mitte befindet, den in einem Rahmen aufgespannten Stoff durchstechen und nach regelrechter Verschiebung des letzteren an andere Stellen zurückkehren, hat Josua Heilmann in Mühlhausen i. E. 1829 erfunden; dieselbe dient, demnächst wesentlich verbessert, namentlich zur Mull- und Tüllgardinenstickerei.

Bei der Zurichtung der baumwollenen und leinenen Gewebe ist das Sengen, Rauhen, Scheeren, Bleichen, Waschen und Stärken zu erwähnen. Das Sengen bezweckt die Beseitigung der feinen und kurzen Härchen der Gewebe und erfolgt zur Zeit allgemein durch Gas; das Rauhen, welches durch Aufkratzen mittelst Karden eine haarige Oberfläche des Gewebes hervorbringen will, findet bei baumwollenen Stoffen nur beschränkte Anwendung; das Scheeren baumwollener Zeuge, namentlich des Sammet wird durch Cylindermaschinen bewirkt. An Stelle der früher allgemein üblichen Rasenbleiche ist das gemischte Bleichverfahren getreten, welches die Rasen mit der Chlorbleiche verbindet, von denen jedoch die letztere mit besonderer Behutsamkeit ausgeführt werden muß. Zum Waschen der Zeuge bedient man sich der aus zwei hölzernen Cylindern bestehenden Walzenwaschmaschine und braucht zum Auswaschen feiner und zarter Stoffe die Spülmaschine. Zum Entwässern der Zeuge dient die Centrifugalmaschine, die aus einer metallenen Trommel besteht, welche ringsum durchlöchert ist und überaus schnell umgedreht wird; sie ist 1836 von Penzoldt, einem in Paris lebenden Deutschen erfunden. Das Trocknen der Zeuge wird durch metallene, mit Dampf geheizte Hohlcylinder besorgt, um welche die Gewebe geleitet werden. Beim Stärken werden, außer den sonst üblichen Zusätzen von Leim, Wachs und Seife, mancherlei Beimischungen verwendet, welche das Gewicht der Stoffe erhöhen und den lose gewebten Stoffen eine scheinbare Dichtigkeit verleihen. Zum Blauen der weißen Waaren dient jetzt allgemein das künstliche Ultramarin.

Die Zurichtung wollener Gewebe erfordert mancherlei Arbeiten. Durch das Noppen, welches meist mit der Hand bewirkt wird, sollen alle Knoten, Fadenendchen u. dgl. aus dem Gewebe entfernt werden. Das Waschen der Stoffe, welches früher in den Walkmühlen besorgt wurde, erfolgt jetzt fast ausschließlich durch Walzenwaschmaschinen. Zum Walken, welches den Zweck hat, durch eine gefilzte Decke den Faden möglichst zu verbergen, bediente man sich früher der Hammerwalke, während jetzt allgemein die Walzenwalke benutzt wird, welche leichter als jene aufzustellen ist, schneller arbeitet und weniger Seife verbraucht. Zum Rauhen der Stoffe wurden früher die Fruchtköpfe der Kardendistel durch Handarbeiter benutzt, wogegen seit Anfang unseres Jahrhunderts die von John Douglas aus England nach Frankreich gebrachte Maschine, welche aus einer cylindrischen Trommel besteht, die rund herum reihenweise mit Karden besetzt ist und in schnelle Drehung gebracht wird, sich auch in Deutschland eingebürgert hat. Zum Trocknen und Recken der Stoffe werden dieselben entweder heißer Luft, welche ein Ventilator einbläst, ausgesetzt, oder zwischen Dampfröhren hin und her geführt und in einer Spirale aufgespannt. Das Scheeren der Stoffe, welches ehemals Handarbeit war, wird jetzt durch die

Cylinderscheermaschine besorgt, welche als Schneidapparat ein festliegendes gerades Messer und einen schnell umlaufenden eisernen Cylinder mit mehreren eingesetzten Stahlklingen hat. Dekatirt, mit Wasserdampf behandelt oder fest auf Walzen gerollt in Wasser gekocht, wird das Tuch, damit es Glanz erhält und das Haar besser im Strich liegt; zu demselben Zweck muß das Tuch starck gebürstet werden. Zuletzt wird das Tuch, unter Zwischenlegen geglätteter feiner Papierbogen oder Einschaltung erhitzter Eisenplatten, stark gepreßt; vor der Verarbeitung krämpt man das Tuch, näßt es mit Wasser oder Wasserdämpfen und spannt es dann in Rahmen, um das Einlaufen desselben zu hindern.

Papier hat seinen Namen von der Papyrusstaude, deren Stengel im alten Aegypten das zum Schreiben benutzte Material bildeten. Die Erfindung unseres jetzigen Papiers, welche 200 v. Chr. erfolgt sein soll, wird den Chinesen zugeschieben. Von diesen sollen die Japaner, die Tataren und dann die Araber die Papierbereitung gelernt und nach Spanien gebracht haben. Im Abendlande wurde sie erst durch die Kreuzzüge bekannt, verbreitete sich dann und nahm in Deutschland nach Erfindung des Buchdrucks großen Aufschwung. Früher dienten sehr einfache Geräthe zur Herstellung des Papiers und die alten Papiermaschinen lieferten in 12 Stunden nicht mehr als 8 Ries; die heute so sehr verbesserten Maschinen fertigen in derselben Zeit mehr als das Sechszigfache; gegenwärtig sind in Europa über 3000 Papiermaschinen thätig, welche jährlich 16 Millionen Meterzentner fabriziren, wovon 8 Mill. Druckpapier, 3 Mill. Schreib- und Briefpapier, 3200000 Tapeten und Packpapiere, 1800000 Pappen aller Art sind; verbraucht werden hiervon durch die Buchdruckereien 53, von den Behörden und Kanleien 11, für den Unterricht 13, vom Handel 11, von der Industrie 7, von dem Privatverkehr 5 Prozent; auf den Kopf der Bevölkerung beträgt der Papierverbrauch in der Türkei $1/4$, in Rußland $1/2$, in Oesterreich $1 3/4$, in Italien 2, in den Niederlanden 3, in Frankreich $3 1/2$, in Deutschland 4, in England $5 1/2$ kg.; der 3. Theil der europäischen Papierfabrikation fällt auf Deutschland. Die Papierfabrikation hat seit etwa 1750 enorme Fortschritte gemacht, in so fern sie das Papier glätter, feiner, gleichartiger, weißer, billiger und massenhaft herstellt, aber sie liefert für den allgemeinen Verbrauch weniger haltbare Papiere. Die Ursache hierfür liegt darin, daß gutes Material in der Massenhaftigkeit, welche der Verbrauch fordert, nicht vorhanden ist. Schon 1750 trat ein Mangel an leinenen Lumpen ein, dem man durch Ausfuhrverbote vergeblich zu steuern hoffte, und man kehrte wieder zur Verwendung baumwollener Lumpen zurück; da jedoch auch diese den Fehlbetrag nicht deckten, so fabrizirte man seit Anfang unseres Jahrhunderts Strohpapier und der 1847 von Keller-Voelter erfundene geschliffene Holzstoff, die seit 1857 chemisch gewonnene Natroncellulose, die 1869 und 1873 von Tilgmann bezw. Mitscherlich hergestellte Sulfitcellulose führte, unter Verwendung der Holzschleifmaschinen, zu einer kolossalen Produktion von Holzpapier.

Die Reinigung der Lumpen, wozu man früher Siebmaschinen verwendete, erfolgt jetzt durch Waschen mit alkalischer Lauge; um die Lumpen weich, mürbe und zertheilbarer zu machen, ließ man sie ehemals färben, während man diesen Zweck jetzt durch Kochen mit alkalischer Lauge erreicht; dem Verlangen nach weißem Papier, welches man Anfangs durch Rasenbleiche, dann durch Chlorbleiche zu erfüllen bemüht war, genügt man heute durch Anwendung von Chlorgas; zum Blauen des Papiers, das auch jetzt noch stellenweise gewünscht wird, verwendet man Ultramarin; zum Leimen des Papierstoffes benutzt man gegenwärtig vegetabilischen Leim, nur in England wird erst das fertige Papier noch mit thierischem Leim geglättet; Velinpapier wird durch Anwendung doppelt gerippter Formen, welche die Holländer zuerst gebraucht haben, und die zur Zeit allgemein benutzt werden, hergestellt, während unsere Vorfahren das Papier auf einfach gerippte Formen schöpften.

Die älteste Lumpenschneidemaschine hatte Aehnlichkeit mit einer Häcksellade, während alle unsere Schneidemaschinen Messer durch drehende Bewegung wirken lassen. Zum Zertheilen des Papiermaterials in feine Fasern zum Mahlen, diente früher das Stampfgeschirr, bis an Stelle desselben der in Deutschland erfundene, aber in Holland angewendete Holländer gesetzt wurde, welcher aus metallenen, schnell um ihre Achse laufenden Walzen und einem, unter diesen angebrachten, aus ähnlichen Schienen gebildeten Walzwerk besteht. An Stelle des Büttenpapiers, dessen Stoff durch Handarbeit in flache Formen geschöpft wurde, ist das Maschinenpapier getreten, welches auf der Cylinder- oder Schüttelmaschine gepreßt und fast vollständig getrocknet, auch „ohne Ende" hergestellt wird, indem ein Drahtgewebe ohne Ende eine stetige zirkulirende Bewegung erhält, wobei entweder ein steifer um seine Achse sich drehender Cylinder oder ein biegsames, über mehrere Leitwalzen geschlagenes Tuch ohne Ende funktionirt. Die höhere Glätte erhält das Papier durch Satiniren in einem Walzwerk.

Die Pappe ist entweder geformt, wenn schon der Papierstoff in gehöriger Dicke gebildet wird, oder gekautscht, wenn frisch gefertigte Papierblätter auf einander gelegt werden, oder geklebt, wenn man die Blätter auf einander klebt.

Zu den besonders zubereiteten Papieren gehört das Elfenbeinpapier, das künstliche Pergament, die künstliche Schiefertafel, das Wachstuchpapier. Papiermaché, gekautes Papier wird aus Papierabfall, unter Zusatz eines Klebmittels, aus Pappe oder aus übereinander geklebtem Papier gefertigt. — Aus Stein- und Lederpappe werden Reliefornamente für Wohngebäude hergestellt, Papiersäcke werden durch Eintauchen siebartiger hohler Formen in den flüssigen Papierstoff und Auspumpen der Luft aus diesen Formen erzeugt. Briefumschläge werden durch eine von Remond in Birmingham 1849 erfundene Maschine in der Weise hergestellt, daß eine größere Zahl aufeinander liegender Blätter geschnitten, gefaltet und mit Klebstoff versehen wird. Von den Buntpapieren sind die Krystallisations- und Perlmutterpapiere, von den gepreßten Papieren die Papierspitzen und die Papier-Kragen und Manschetten hervorzuheben. Papiertapeten, deren Erfindung den Chinesen zugeschrieben wird, fertigt man heute meist mit Anwendung von Walzendruckmaschinen an, während in Frankreich für feine Tapeten noch der Handdruck angewendet wird. Spielkarten werden meist aus drei zusammengeklebten Papierblättern gefertigt; der Schwarzdruck der Bilder und die farbigen Steine werden jetzt in Buchdruck, die

Kolorirung der Bilder in der lithographischen Presse ausgeführt, während die frühere Zeit hierfür Handarbeit anwendete; erhalten hat sich meist bis heute die zopfige Form der Figuren.

Von den **graphischen Künsten** ist zunächst die Buchdruckerkunst zu erwähnen. Die Vervielfältigung der Schrift ist uralt, auch der Holztafeldruck war längst bekannt, als Johann Gutenberg in Mainz um die Mitte des 15. Jahrhunderts gegossene Einzelbuchstaben erfand und mit diesen die 42zeilige Bibel druckte. Noch im Laufe des 15. Jahrhunderts verbreitete sich die Buchdruckerkunst über ganz Europa und um 1785 beschäftigte Anton Koberger in Nürnberg über 100 Gesellen. Mit dem 17. Jahrhundert kam das Technische der Buchdruckerei in Verfall, nahm jedoch in der Mitte des 18. Jahrhunderts, indem man sich besserer Schriftformen, besserer Farbengebung, besseren Papieres und besserer Druckpressen bediente, einen neuen Aufschwung, und heute zeichnet sich die Buchdruckerei durch Massenhaftigkeit der Produktion, oft schöne Ausstattung und eine, früher ungeahnte Wohlfeilheit aus. Man unterscheidet den Werkdruck, welcher sich mit dem Druck von Büchern und höchstens wöchentlich erscheinenden Zeitschriften beschäftigt, den Zeitungsdruck, welcher die Zeitungen fertig stellt, und den Accidenzdruck, welcher die Druckarbeiten für den gewerblichen und geselligen Verkehr ausführt. Die Typographen sind entweder Setzer oder Drucker; der in kleinen Druckereien zu verwendende „Schweizerdegen" vereinigt beide Funktionen. Die Herstellung von Setzmaschinen ist lange, aber bisher vergeblich versucht. Von besonderen Druckarten ist der, neuerdings zu hoher Vollkommenheit gelangte Buntdruck, der Reliefdruck und der von Breitkopf zuerst angewendete Musiknotendruck zu nennen. Eine besondere Form bilden die von Bramah in London und F. G. Wagner in Berlin erfundenen Nummerirapparate beim Druck der Banknoten, welche durch die Bewegung des Deckels die Nummer ändern. Die Buchdruckpresse hat lange in der einfachen Gestalt, welche ihr Johann Gutenberg gegeben, mit ihrem hölzernen Gestell, der Schraubenspindel und dem Preßbengel bestanden. Erst 1800 wurde die

Stanhope-Presse aufgestellt, welche mit eisernem Gestelle versehen war, zur Steigerung der Druckkraft Hebel verwendete und so die Vergrößerung der das Papier auf die Form pressenden Metallplatte, des Tigels gestattete. Diese Presse wurde allmählig verbessert, ist aber in allen größeren Druckereien durch die von Friedrich König in Oberzell erfundene Schnellpresse verdrängt, welche bereits so vervollkommnet ist, daß die Rotationsschnellpresse 20000 Exemplare auf beiden Seiten des endlosen Papiers in einer Stunde druckt.

Der Holzschnitt, welcher im 16. Jahrhundert florirte, und gegen Ende des 18. Jahrhunderts ganz in Verfall gerathen war, gelangte dann in England und Deutschland wieder zu hoher Blüthe. Bei dem Kupferdruck kommt das Maschinenwesen und auch die Schraffirmaschine zur Geltung. Der Stahlstich wird durch Graviren oder Aetzen in möglichst weichen Stahlplatten, mit welchen man unmittelbar druckt, hergestellt. Bei dem von Alois Senefelder 1796 erfundenen Steindruck wird die Kalksteinplatte geätzt, die Schrift darauf in Relief hergestellt und dann nach Art eines Holzschnitts abgedruckt. Der Erfinder des Zinkdrucks, welcher statt der Steinplatten Zink verwendet, ist H. W. Eberhard; besonders für Ueberdruck hat der Zink ausgedehnte Anwendung gefunden.

Die Photographie stellt mit Hilfe der chemischen Wirkungen des Lichtes ein Bild auf einer chemisch präparirten Fläche dar. Daguerre (1839) wendete als lichtempfindliche Substanz das Jodsilber an; der Lichteindruck, welcher in der camera obscura nicht sichtbar ist, erscheint als Bild, nachdem die Platte Quecksilberdämpfen ausgesetzt worden. Diese Daguerretypien wurden verdrängt, als Fry und Archer 1851 die Photographie entdeckten, indem sie Plangläser mit Kollodium überzogen, diese in eine Silberauflösung tauchten und ein in der camera belichtetes Negativbild erhielten, welches die Ausführung von Positivbildern auf dem Papiere gestattete. Aus der Photographie hat sich neuerdings die Photolithographie, die Photozinkographie und die von Goupil hergestellte Photogravüre, welche an Schönheit den Aquatintablättern gleichkommt, entwickelt.

Von den Materialien zum Schreiben und Zeichnen sind Bleistifte, Tinte und Stahlfedern zu nennen. Die Bleistifte, welche früher aus Kumberlandgraphit zu Stäbchen zersägt wurden, werden jetzt in der Weise hergestellt, daß man Graphitpulver durch eine Beimischung von Thon in eine kompakte teigartige Masse verwandelt, aus welcher man dann die Stifte preßt und ihnen durch Trocknen und Brennen Festigkeit giebt. Tinte wurde Anfangs aus Ruß, Gummi und Wasser, später aus Galläpfeln und wird jetzt aus Blauholzextract und chronsaurem Kali und aus Alizarin bereitet. James Perry in London wurde 1830 der Begründer der Stahlfederindustrie, deren Hauptsitz Birmingham ist; die erste deutsche Fabrik errichteten 1856 Heintze u. Blanckertz in Berlin; Stahlfedern mit abgestumpfter Spitze, bei welchen die Grundstriche ohne Druckverwendung entstehen, verfertigt F. Soennecken.

Chemische Fabrikationen. Die Chemie betrachtet die Zusammensetzung und die Eigenschaften der Körper und macht die Verschiedenheit des Stoffs derselben zum Gegenstande ihrer Forschung; Substanzen, welche nicht zerlegt werden können, heißen Grundstoffe oder Elemente, deren man bisher 63 festgestellt hat. Die organische Chemie umfaßt die Produkte des Pflanzen- und Thierreichs, die anorganische die des Mineralreichs. Seit 1750 hat die Chemie unermeßliche Fortschritte gemacht, wie eine kurze Hervorhebung der bedeutendsten Grundstoffe ergeben wird. Phosphor, seit 1669 bekannt, wird in großen Mengen zu Zündhölzern benutzt; die Bereitung des Phosphor aus weißgebrannten Knochen entdeckte der Stralsunder Schulz, 1769. Schwefelkohlenstoff, 1796 von Lampadius in Freiburg entdeckt, dient zur Auflösung von Kautschuk und zur Oelentfettung. Chlor, gleichfalls 1774 von Schulz gefunden, braucht man zum Bleichen leinener, baumwollener Zeuge und des Papierstoffes. Jod, welches von Courtois 1811, und Bronce, das durch Balard 1826 entdeckt wurde, haben große Bedeutung für die Heilkunde und für die Photographie. Für die Bereitung von Schwefelsäure durch Verbrennen von Schwefel und Salpeter, erhielt 1749 Josua Ward und John White ein Patent; seit 1840 verwendet man Kiese statt Schwefel. Salpetersäure wird aus Schwefelsäure oder Chilisalpeter hergestellt; schwefelsaurer Kali ist ein Nebenprodukt desselben. Zur Bereitung des Salmiaks liefert jetzt das bei der Gasherstellung gewonnene Ammoniakwasser geeignetes Material. Die Bereitung des Soda in sog. Sodaofen wurde dem Chirurgen le Blanc 1789 patentirt und hat seit etwa 1840 eine enorme Ausdehnung gewonnen. Doppeltkohlensaures Natron erfand der Apotheker Rose in Berlin 1801. Borax wurde früher aus Tibet, Persien und China bezogen und in Europa gereinigt, wird jetzt aber, nachdem der Apotheker Höfer 1776 die Borsäure in den vulkanischen Lagunen Toskana's entdeckt und Payen 1815 eine Fabrik daselbst zur Gewinnung der Borsäure hergestellt hatte, künstlich hergestellt. Das gelbe Blutlaugensalz, welches für die Fabrikation des Berliner Blau verwendet wird, gewinnt man jetzt aus verschiedenen thierischen Abfällen. Das Wasserglas dient zum Schutz verbrennlicher Stoffe gegen Feuer und ist im ersten Viertel unseres Jahrhunderts entdeckt. Die Herstellung des Glyzerin hat besondere Bedeutung erst seit der Bereitung der Stearinsäure durch die Kerzenfabrikation erlangt. Aus dem Glyzerin hat der Schwede Alfred Nobel 1864 durch Behandlung mit Salpetersäure das Sprengmittel Nitroglyzerin hergestellt. Die Beobachtung, daß auch Baumwollenzeug durch Behandlung mit Salpetersäure leicht endzündlich wird, hat 1845 zur Entdeckung der Schießbaumwolle durch Schönbein geführt. Die mit einem Gemisch von Salpeter und Schwefelsäure bereitete Schießbaumwolle ist in Aether löslich und läßt nach dessen Verdunstung das Kollodium zurück, welches von den Photographen verwendet wird. Die Alkoloide oder deren Salze, vor Allen das Chinin und Morphin werden für den medizinischen Gebrauch massenhaft fabrizirt. Fruchtoele und Fruchtäther werden seit der ersten Londoner Weltausstellung aus sehr übel riechenden Substanzen, wie Kartoffelfuselöl, bereitet. Holzessig, Paraffin, Benzin, Anilin werden aus Theer hergestellt. Chloroform, 1831 von Soubeiran entdeckt, dient als Betäubungsmittel bei ärztlichen Operationen. Die Fabrikation künstlicher

Mineralwässer ist nach genauer Analyse der natürlichen Wässer zuerst von Struve in Dresden 1818 in's Werk gesetzt.

Unter den Farben nimmt Bleiweiß, kohlensaures Bleioxyd, zuerst 1744 von Bergman erkannt, eine hervorragende Stelle ein. Sein Konkurrent ist das Zinkweiß, welchem der Maler Leclaire 1835 in Paris Eingang verschaffte. Chromgelb, chromsaures Bleioxyd, wurde nach Entdeckung des Chrom eine der werthvollsten gelben Mineralfarben. Die erste schöne künstlich hergestellte blaue Farbe war das von dem Färber Diesbach 1707 entdeckte Berliner Blau, welches heute von dem künstlichen Ultramarin, das 1826 Guimet, 1828 Gmelin entdeckte und für welches Leykauf in Nürnberg 1837 eine geeignete Fabrikation erfand, verdrängt ist. Das Schweinfurtergrün, essigsaurer und arseniksaurer Kupferoxyd, von Wilhelm Sattler 1814 entdeckt, würde noch allgemeinere Anwendung finden, wenn seine giftige Eigenschaft dem nicht entgegenstände.

Die Färberei und der Zeugdruck haben, zugleich mit der Chemie, große Fortschritte gemacht. Von den älteren Farbstoffen ist namentlich Indigo zu nennen, der seit dem Anfang des 17. Jahrhunderts ein Gegenstand des europäischen Handels wurde, Anfangs aber in Frankreich wie in Deutschland verboten ward, weil man den heimischen Waidbau für beeinträchtigt hielt; Krapproth wurde um 1750 in Europa bekannt. Seit 1839 sind verschiedene Farbholzextrakte in Gebrauch gekommen, die bedeutendste Entdeckung auf diesem Gebiet ist die der Anilinfarben; während der Zeit von 1826 bis 1840 hatten Unverdorben, Runge und Fritsche besondere Substanzen gefunden, von denen jedoch A. W. Hoffmann 1843 nachwies, daß sie eine und dieselbe Substanz bildeten; als Material zur Herstellung von Anilin dient meist Nitrobenzol.

Der Zeugdruck wurde zuerst bei Linnen, dann bei Kattun, erst später bei Wolle und seidenen Stoffen angewendet; namentlich der Kattundruck verbreitete sich immer weiter; Druckformen aus Blech und Draht sind bereits 1802 in London gebraucht; Druckmaschinen verschiedenster Art wurden seit 1821 benutzt; bald nach Erfindung der Lithographie begann man mit Anwendung des Steindrucks auf Kattun.

Von den **Genußmitteln** sind zuerst die Müllereiprodukte zu erwähnen. Das Mahlmühlwesen in Deutschland hat in Folge des Mühlenregals, des Mühlenzwanges, des Unzureichenden der Wind- und Wasserkraft bis tief in unser Jahrhundert hinein wenig Fortschritte gemacht. In England wurde bereits 1786 eine durch Dampfkraft bewegte Mahlmühle, bei welcher eiserne Wellen und Räder verwendet waren, in Betrieb gesetzt; in Preußen war 1825 die Zahl der Dampfmühlen noch sehr gering und in Oesterreich wurde die erste Dampfmahlmühle 1836 eröffnet. Die neueren Mühleneinrichtungen reinigen das Korn durch eigene Maschinen, haben einen besseren Betriebsmechanismus und zweckmäßiger angeordnete Mahlgänge, verwenden vorzüglichere Mühlsteine, gewinnen durch ihre Mahlmethode die größte Menge feinen Mehls, ersetzen die alten wollenen Beutel durch Siebtrommeln, welche mit Seidengaze bezogen werden, und sind mit bequemen Transportvorrichtungen im Innern der Mühlen versehen.

Von den Erfindungen in der Brodbereitung sind zunächst die Teigknetmaschinen zu beachten, um deren Aufstellung man sich in Wien und in Holland bereits 1787 bemühte; die erste brauchbare wurde 1810 von Lembert erfunden und von Fontaine in Paris angewendet; Verbesserungen solcher Maschinen sind bis in die neueste Zeit vorgenommen. Die von dem Pariser Bäcker Bolland erfundene Knetmaschine eignet sich für Groß- wie für Kleinbetrieb, während die Borbecker Maschine nur für den Großbetrieb paßt. Zur Gährung des Teiges wird entweder Hefe oder Sauerteig verwendet. Die Heizung des Backofens erfolgt entweder im Innern desselben und wird dann mit Holz bewirkt oder in einem besonderen Raume und wird dann mit beliebigem Brennmaterial vollzogen, oder durch überhitztes Wasser.

Das Zuckerrohr, welches um 1500 nach Westindien verpflanzt wurde, wird zerquetscht, in heißen Kesseln mit Kalkmilch versetzt, zu Syrup verdickt und in flachen Behältern krystallisirt. Die Gewinnung von Zucker aus Runkelrüben entdeckte der Chemiker Marggraf 1745 in Berlin und der Chemiker Achard errichtete 1797 mit Unterstützung der Regierung die erste Rübenzuckerfabrik in Kunern in Schlesien. Es wurde jedoch kein sonderlicher Erfolg erzielt und 1836, als Frankreich fast schon 500 Rübenzuckerfabriken hatte, bestanden im deutschen Zollvereine erst 21. Seitdem aber nahm die Rübenzuckerfabrikation namentlich auch in Deutschland bedeutenden Aufschwung, so daß dasselbe jetzt zu den Hauptproduktionsländern gehört. Im Jahre 1889 bestanden in Deutschland 396 Rübenzuckerfabriken, welche 7896183 Tonnen Rüben verarbeiteten und 944505 Tonnen Rohzucker und 201189 Tonnen Mellasse gewannen. Die jährliche Gesammtproduktion des Rübenzuckers in Europa mit mehr als 2 Millionen Tonnen a 100 kg. hat die des Rohzuckers erreicht. Zur Fabrikation des Rübenzuckers reibt man die Rüben zu Brei, preßt den Saft und laugt ihn aus oder man zerschnitzelt die Rüben, wäscht sie, übergießt sie mit heißem Wasser, bearbeitet sie in Scheidepfannen, reinigt sie in Knochenkohlenfiltern, dickt den Saft durch Verkochen ein, kühlt ihn und läßt ihn krystallisiren.

Die Chokolade, aus den gerösteten Früchten des Kakaobaums bereitet, stammt aus Mexiko und wird vorzüglich in Frankreich fabrizirt, neuerdings ist jedoch die Konkurrenz Deutschlands beträchtlich geworden; bei den billigen Sorten wird der Kakao durch allerlei Zusätze gespart.

Das Bier war bereits den alten Griechen, Römern und Deutschen bekannt und wurde im 16. Jahrhundert aus Deutschland in großen Mengen ausgeführt; der 30jährige Krieg vernichtete jedoch auch diese Entwickelung und erst mit dem Uebergange zum fabrikmäßigen Betriebe um 1840 hob sich die deutsche Bierbrauerei wieder, erreichte allmählig einen bedeutenden Export und erzielte einen sehr beträchtlichen Verbrauch im Inlande; der größte Bierkonsum findet in Baiern, Belgien, England und Deutschland statt. Im Jahre 1889 wurden in Deutschland fast 48 Millionen Hektoliter Bier gewonnen; im Brausteuergebiete, welches Baiern, Würtemberg, Baden und Elsaß-Lothringen nicht umfaßt, waren 8556 Brauereien im Betriebe, die 573350 Tonnen Getreide und 4953 Tonnen Surrogate verwendeten, aus denen sie 28655700 Hektoliter, darunter 20259000 Hektoliter unterjähriges Bier herstellten. Zur Bierbereitung wird die

Gerste gemalzt, die zuckerbildende Eigenschaft der gekeimten Gerste entwickelt; sodann wird das Malz gequetscht und in großen Bottichen gemaischt, filtrirt, in Braupfannen gekocht, mit der aus Malz und Hopfen hergestellten Würze versehen, gekühlt und dann der Gährung unterworfen; bei der Oberjährung scheidet sich die Hefe unter höherer Temperatur und schneller Gährung auf der Oberfläche des Bieres ab, bei der Unterjährung, welche unter niedriger Temperatur und langsamer Gährung stattfindet, fällt die Hefe zu Boden; die unterjährigen, die bairischen Biere sind haltbarer, als die oberjährigen.

Der Weinstock stammt aus den Anlanden des Kaukasus und hat sich von hier bereits im Alterthum nach Griechenland, Italien, Spanien und Frankreich verbreitet; am Rhein begründeten gallische Legionen 280 n. Chr. den deutschen Weinbau. Die Weinlese findet von August bis November statt; die Trauben werden in Kufen zertreten und auf der Kelter gepreßt; der Saft der Traube, der Most tritt dann in Gährung und klärt sich allmählig unter besonderer Behandlung in den Fässern. Zu dieser Behandlung gehört auch das Verbessern des Weins; haben die Trauben, weil sie nicht gehörig gereift sind, Ueberfluß an Säure und Mangel an Zucker, so werden diese Fehler nach der Methode des Chemikers Chaptal, daher Chaptalisiren, durch Zusatz von fein gepulverten Marmor und Zucker beseitigt; zuckerarmer Most erhält nach der Methode des Chemikers Gall, daher Gallisiren, einen Zusatz von Stärkezucker und Wasser; die Anwendung dieser Methoden, welche keine Weinfälschungen enthalten, erfolgt seit Jahrzehenden und solche Weine nennt das Nahrungsmittelgesetz mit Unrecht Kunstweine. Eine andere Art der Weinbehandlung enthält die von dem Weinbauer Petiot erfundene Methode, nach welcher die übrig gebliebenen Trauben mit einer Zuckerlösung begossen und nochmals zur Gährung gebracht werden (Petiotisiren). Erheblichen Schaden thut dem Weinstock namentlich die Reblaus, welche besonders die Weinberge Frankreichs geschädigt hat. Der jährliche Durchschnittsertrag des Weinbaues beläuft sich in Frankreich auf 960, in Spanien auf 592, in Italien auf 543, in Ungarn auf

204, in Deutschland auf 104, in Portugal auf 80, in Oesterreich auf 47, in der Schweiz auf 26 Millionen Mark.

Branntwein wird durch Verdünnung aus Spiritus hergestellt und dieser aus Getreide, Weintrestern oder Obst, meist aber aus Kartoffeln gewonnen. Die letzteren werden zum Zweck der Spiritusfabrikation gewaschen, nach der Henzeschen Methode gedämpft und zerkleinert, in der Maischmaschine zum Zweck der Verzuckerung des Stärkemehls bei 60 ° C. mit Malz versetzt, gekühlt, durch Hefe der Gährung unterworfen und destillirt; die zurückbleibende Maische dient als Viehfutter. Die Kartoffelbrennerei ist seit 1820 allgemein geworden und seit 1840 bildete in Deutschland die Kartoffel das Hauptmaterial für die Brennerei; im Jahre 1882 wurden aus Getreide nur 150000, aus Weintrestern nur 167000, aus Obst nur 17200, aus Kartoffeln dagegen 3900000 hl. Spiritus bereitet. Die Spiritusfabrikation ist vorwiegend landwirthschaftlicher Nebenbetrieb.

Essig, eine Mischung von Essigsäure und Wasser, wird durch Einwirkung der Luft und alkoholartiger Flüssigkeiten oder durch trockne Destillation des Holzes gewonnen; die Schnellessigfabrikation hat Schüzenbach in Freiburg 1823 entdeckt.

Außer den Genußmitteln ist noch, als denselben verwandt, Stärke, Leim und Seife zu erwähnen. Stärke wird namentlich aus Weizen, Kartoffeln, Reis und Mais gewonnen; zur Fabrikation der Stärke aus Kartoffeln werden diese auf rotirenden Cylindern zerrieben und auf einem Sieb gewaschen, so daß der zurückbleibende Brei zur Stärkezucker-, Branntwein- und Papierbereitnng verwendet werden kann; die Bereitung des Stärkezuckers durch Schwefelsäure ist 1811 von Kirchhoff in Petersburg entdeckt und hat sich in neuerer Zeit weit verbreitet. Man unterscheidet Knochen- und Lederleim; durch Kochen der Knochen unter Dampfdruck, das zuerst Papin 1681 unternommen, gewinnt man eine Leimlösung, welche dann verdampft und in Formen gegossen wird; als Rohmaterial für den Lederleim dienen verschiedene Felle und Abfälle der Gerberei, welche etwa 3 Wochen in Kalkmilch geweicht, dann gereinigt und an der Luft getrocknet werden. Die Seife war bereits den alten Römern und Deutschen bekannt und wurde in den

Haushaltungen bereitet, bis Chevreul 1823 den Verseifungsprozeß entdeckte und die Fabrikation der Seife eintreten konnte; als Rohmaterialien dienen zur Seifenbereitung alle Fette, deren Verwendung der Marktpreis gestattet, namentlich Talg, Palmöl, Thran; zum Seifekochen wird jetzt allgemein Kali benutzt.

Erleuchtung und Heizung. Bei den Feuerzeugen unterscheidet man mechanische, chemische und elektrische. Stahl, Feuerstein und Schwamm waren bereits im 14. Jahrhundert bekannt und bis 1820 allein im Gebrauch; die Zündmasse der älteren Zündhölzchen bestand aus einem, mit geschmolzenem Phosphor gemischten Bindemittel, die von Jönköping 1865 in den Handel gebrachten Schwedischen Zündhölzer enthalten keinen Phosphor, sondern Sauerstoff abgebende verbrennliche Körper. Von den chemischen Feuerzeugen ist die 1823 von Döbereiner erfundene Platin-Zündmaschine und das 1820 allgemein bekannt gewordene Tunkzündhölzchen zu erwähnen, dessen geschwefeltes Ende mit einer, aus Schwefel und chlorsaurem Kali bestehenden Zündmasse umgeben war und, in konzentrirte Schwefelsäure getaucht, sich entzündete. Die bisher konstruirten elektrischen Feuerzeuge haben praktische Bedeutung noch nicht erlangt.

Kerzen wurden in alter Zeit gezogen, der Docht wurde wiederholt in Talg getaucht; heut werden sie gegossen; man unterscheidet Wachskerzen, die zu Anfang des 18. Jahrhunderts aufgekommenen Walratkerzen und Stearinkerzen, welche die beiden ebengenannten Arten fast verdrängt haben, nachdem de Milly 1831 ein einfaches Verfahren zur Herstellung der Stearinsäure entdeckt hatte.

Lampen waren früher in Gebrauch, als Kerzen, und bereits den Israeliten, Griechen und Römern bekannt, bestanden aber nur in einem napfförmigen Gefäße, welches mit Oel gefüllt und in welches ein, den Rand überragender Docht gelegt war, und ähnten den ländlichen Küchenlampen oder den Grubenlampen der Bergleute; um 1760 führte Léger die Flachdochte und später Argand die schlauchförmigen Dochte ein; eine wesentliche Verbesserung enthielten die 1809 erfundenen Astrallampen, Quinquet konstruirte dann den aufzusetzenden Glascylinder und bei der 1836 von

Franchod konstruirten Moderateurlampe wirkte ein Federdruck als Regulator. Alle diese Lampen sind durch die Petroleumlampen verdrängt, bei denen jedoch die Oelbehälter so weit unter dem Brenner liegen muß, daß eine hochgradige Erhitzung des Petroleums vermieden wird.

Leuchtgas aus Steinkohlen zu entwickeln, wußten die Chemiker bereits im Anfange des 18. Jahrhunderts, aber erst 1792 gelang es dem Ingenieur Murdoch, Leuchtgas in größerem Maßstabe herzustellen und einzelne Fabriketablissements mit Gas zu beleuchten; Straßenbeleuchtung durch Gas wurde am 1. April 1814 von einem Kirchspiel in London eingeführt; in Deutschland besteht Straßengasbeleuchtung in Hannover seit 1826, in Berlin seit 1828, in Frankfurt a. M. seit 1829, in Dresden seit 1833, in Wien seit 1840, in Leipzig seit 1841, in Köln seit 1841, in Hamburg seit 1847, in Prag seit 1847. Für die Gasbereitung wird meist Steinkohle verwendet; die Entwickelung des Gases erfolgt in Retorten, in denen die Kohlen der Rothglühhitze ausgesetzt werden, nachdem das vordere Ende der Retorte luftdicht verschlossen ist; die entwickelten Gase ziehen in ein Aufsteigerohr, unter Zurücklassung von Kokes in der Retorte, werden in den Kondensatoren abgekühlt, bilden hierbei den Gastheer und das Gaswasser, und sammeln sich dann in dem Gasometer, von wo sie in die Zuleitungsröhren gelangen. Von den Gasbrennern sind die Argandschen, welche eine ringförmige Flamme mit äußerer und innerer Luftzuführung geben, und die Intensivbrenner zu nennen, welche große Brenner von hoher Lichtstärke haben. Das Drummondsche oder Kalklicht giebt eine äußerst große und glänzend weiße Flamme.

Elektrische Lampen sind entweder die von Hamphrey Davy 1813 erfundene Bogenlichtlampen, welche den zwischen zwei Kohlenstäben durch den elektrischen Strom erzeugten Lichtbogen benutzen, oder Glühlichtlampen, welche das von einem, elektrisch glühend gemachten Leiter ausgestrahlte Licht brauchen. Die Bogenlichtlampen sind 1848 von dem Physiker Foucault, von dem russischen Offizier Paul Jablockoff, und Siemens-Halske verbessert, deren Differentiallampe wegen ihrer überaus genauen Wirkung weitverbreitete Anwendung gefunden hat und das Problem der Theilung des Bogenlichts löste. Von den Glühlichtlampen hat die Edisonlampe durch ihre weitgehende Theilbarkeit des Lichts die elektrische Beleuchtung dem Gaslichte gegenüber konkurrenzfähig gemacht und weit verbreitet; die Glühlichtlampe von Swan hat einen schleifenförmigen Kohlenfaden und wird anders hergestellt, wie die Edinsonsche. Die elektrische hat vor der Gas-Beleuchtung den Vorzug geringerer Wärmeentwickelung, eines helleren und angenehmeren Lichtes, höherer Sauberkeit und besserer Reinhaltung der Luft.

Von den verschiedenen Heizungsarten wird die Kanalheizung meist nur bei Treibhäusern benutzt; die Wasserheizung, bei welcher von einem wassergefüllten Kessel eine Röhre bis zu dem zu erwärmenden Raume geht, hat den Vorzug, daß keine zu grelle Hitze verbreitet, aber, wie die Dampfheizung, den Uebelstand, daß sie keine Ventilation herbeiführt; die Luftheizung, welche aus einem im Keller befindlichen Ofen heiße Luft in Kanäle leitet, die in die oberen Räume führen, hat außer der Erwärmung eine ununterbrochene Luftreinigung zur Folge.

Vom auswärtigen Handel.

Nachdem wir die Gesetze kennen gelernt haben, welche für die Vertheilung der Güter unter die Producenten maßgebend sind, scheint es angezeigt, einen Blick auf die Regeln zu werfen, welche für den Güteraustausch unter den verschiedenen Nationen gelten. Wiederholt hat man es unternommen, die Frage, welche Nation bei diesem Güteraustausch zur Zeit im Vortheil sich befinde und die besser situirte sei, durch die sogenannte Handelsbilance entscheiden zu wollen. Doch diese Versuche müssen als ebenso verfehlt bezeichnet werden, wie der Vergleich mit der Bilance, welche der Kaufmann zieht. Dieser führt unter den Passiven seine Schulden auf und stellt dem gegenüber sein Aktivvermögen an Grundbesitz, Waarenvorräthen, Werkzeugen, barem Gelde, ausstehenden Forderungen. Bei der sogenannten Handelsbilance dagegen stellt man nur die Ausfuhr der Einfuhr gegenüber, und dies ist offenbar ebenso unzureichend, als wenn der Kaufmann bei seiner Bilance nur die Einnahmen und die

Ausgaben in Betracht ziehen wollte; außerdem sind weder bei der Ausfuhr noch bei der Einfuhr alle Faktoren bekannt. Wie wenig eine passive Handelsbilance, d. h. eine solche, nach welcher mehr eingeführt, als ausgeführt ist, eine Abnahme des Vermögens eines Landes beweist, geht z. B. daraus hervor, daß vor einigen Jahren in England der Mehrwerth der Einfuhr 2440 Millionen Mark betrug, obwohl Englands Reichthum notorisch nicht ab- sondern zunimmt. Erklärlich wird die Mehreinfuhr einfach dadurch, daß in derselben die Waaren enthalten sind, mit welchen eine Reihe von Staaten die Zinsen bezahlen, welche sie an England aus Anleihen schulden, die sie dort gemacht haben. Aus der Handelsbilance ist ferner nicht ersichtlich, ob die Aus- und Einfuhr durch inländische oder ausländische Schiffe besorgt ist, ob also die Transportkosten im Inlande oder im Auslande verdient sind; ferner erscheinen die Werthe der eingeführten Waaren um die Transportkosten, welche die Einfuhr verursacht hat, zu hoch; endlich sind die statistischen Angaben, auf denen die Handelsbilance beruht, viel zu ungenau, um darauf hin eine Schätzung vornehmen zu können. Die Handelsbilance ist nichts weiter, als eine von den Merkantilisten aufgestellte und bis heute nachwirkende Irrlehre.

Handel zwischen zwei Nationen ist nur möglich, wenn die aus dem einen Lande ausgeführten Waaren in dem anderen Lande um die Trantsportkosten und einen, dem Importeur bleibenden Extragewinn theurer sind. Nur unter dieser Voraussetzung können Eisenwaaren aus England nach Deutschland eingeführt und kann Getreide aus Deutschland nach England ausgeführt werden. Ist der Preisunterschied sehr hoch, so wird die Nachfrage in England nach deutschem Getreide und die Nachfrage in Deutschland nach englischen Eisenwaaren so groß werden, daß das Angebot englischer Eisenwaaren in Deutschland immer mehr der Nachfrage folgt und immer mehr sie befriedigt, so daß der Gewinn des Importeurs immer geringer wird. Der Gewinn des auswärtigen Handels steht also in umgekehrtem Verhältniß zu der Nachfrage nach den eingeführten Waaren.

Der auswärtige Handel fördert das Wohl der Konsumenten, indem er die Preise der Waaren billiger macht, bessert aber auch das Verhältniß der Nationen zu einander, giebt eine Gewähr für den Frieden und lehrt jede Nation, einheimische Schäden zu beseitigen und dafür die Vorzüge einzutauschen, welche bei dem Nachbarvolke sich bewährt haben und als solche allen Denjenigen in die Augen gefallen sind, welche das andere Land des Handels wegen besuchten.

Von dem Konsum der Güter.

Der Konsum oder die Verzehrung der Güter, das Wiederverbrauchtwerden zur Befriedigung menschlicher Bedürfnisse, ist um so wirthschaftlicher, je geringer die Werthaufopferung eintritt. Der mittlere Zweck des Konsums ist Reproduktion und der Konsum gilt als Vorbedingung der Produktion. Der Konsum kann auf die Dauer nicht größer sein als die Produktion und die Produktion über den Konsum nicht hinausgehen. Zeitweise allerdings, bei weitverbreiteter Mißernte, zu Kriegszeiten kann mehr konsumirt wie produzirt werden, und zeitweise, in Folge von Ueberproduktion, mehr produzirt wie konsumirt werden. Auch die Vermehrung der Bevölkerung, welche keineswegs allein von dem „physiologischen Fortpflanzungsvermögen" abhängt, wird von der Güterproduktion bedingt; zur Zeit reicher Ernten, wenn Handel und Wandel blüht, vermehrt sich die Bevölkerung stärker, während zur Zeit von Handelskrisen und Mißernten die Sterblichkeit zunimmt. Einwanderung vermehrt die Bevölkerung selbstverständlich für den Augenblick, für die Dauer aber nur dann, wenn auch die Produktion entsprechend wächst; Auswanderung vermindert ebenso für den Moment die Bevölkerung, dauernd aber nur in dem Falle, daß die Produktionsbedingungen durch die Auswanderung beeinträchtigt werden.

Produktion wie Konsum nehmen zu, je gleichmäßiger sie sind. Diese Gleichmäßigkeit wird gefördert durch Einrichtungen, welche der Vernichtung oder Beschädigung von Produkten vorbeugen; dahin gehören gute Abwehrmittel gegen Angriffe äußerer Feinde, Schutzvorrichtungen für die Sicherheit im Innern, Deiche und Dämme gegen Wassersnoth, Löschanstalten und Löschmannschaften gegen Feuersgefahr, Sanitätsmaßregeln gegen Verbreitung von Epidemien.

Die Gleichmäßigkeit des Konsums wird ferner durch Ersparung von Vermögen für die Zeit der Noth, der Krankheit, des Alters gefördert, und zur allmählichen Ansammlung solcher Ersparnisse dienen vor Allem die Sparkassen, welche sich seit den ersten Dezennien dieses Jahrhunderts in Deutschland zu beträchtlichem Wachsthum entwickelt haben. Die Sparkassen sind entweder von Gemeinden oder Gemeindeverbänden oder Vereinen errichtet. Die Sparkassen entsprechen ihrem Zweck um so mehr, je größer die Spargelegenheit, je kleiner die Summe, welche als Einlage angenommen wird, und je kleiner das Durchschnittsguthaben der Einleger ist. Was die Zahl der Sparkassen betrifft, so kommt eine auf 256 qkm. in Preußen, auf 248 qkm. in Baiern, auf 75 qkm. in Sachsen, auf 142 qkm. in Baden, auf 199 kqm. in Sachsen-Weimar. Nach der Einwohnerzahl entfällt eine Sparkasse in Preußen auf 20776, in Baiern auf 17802, in Sachsen auf 15910, in Baden auf 12913, in Sachsen-Weimar auf 2961. Von den Gesammteinlagen kommen auf den Kopf der Bevölkerung in Preußen 99 M., in Baiern 26 M., in Sachsen 136 M., in Baden 122 M., in Sachsen-Weimar 89 M. Von 100 Einwahnern haben ein Sparkassenbuch in Preußen 17, in Baiern 9, in Sachsen 40, in Baden 15, in Sachsen-Weimar 30. Das auf ein Sparkassenbuch entfallende Durchschnittsguthaben beträgt in Preußen 574 Mark, in Baiern 288 M., in Sachsen 341 M., in Baden 826 M., in Sachsen-Weimar 312 M. Hiernach nimmt Sachsen fast in jeder Beziehung die erste Stelle unter den aufgeführten Staaten ein. Eine Sparkassenstatistik für Deutschland fehlt leider noch.

Eine Erleichterung des Konsums erstreben die von Schulze-Delitsch ins Leben gerufenen Konsumvereine. Es giebt deren nahe an 700 in Deutschland. Sie können die Waaren an ihre Mitglieder billiger verkaufen, weil sie im Großen, also billiger einkaufen, nur gegen baar verkaufen, also keine Kreditverluste erleiden, und nur einfache, also wenig kostspielige Ladeneinrichtungen haben. Die Verkaufssumme, welche dieselben erzielten, belief sich im Jahre 1886 auf 38 Millionen Mark.

Konsumtionsverbesserung wird ferner durch Einrichtungen

erreicht, welche den eingetretenen Vermögensschaden ersetzen und diesen Ersatz versichern, also die Fortsetzung der Produktion, und damit den Konsum ermöglichen. Solche Versicherungen sind nur möglich gegen Gefahren, für deren Eintritt sich auf Grund gemachter Erfahrungen eine Wahrscheinrichkeitsrechnung aufstellen läßt, deren Gefahrenklassen sich unterscheiden lassen. Die Versicherung beruht entweder auf Gegenseitigkeit der Mitglieder, so daß jeder Versicherer und Versicherter ist, oder sie wird als speculatives Unternehmen, meist von Aktiengesellschaften betrieben. Der von dem Versicherten zu zahlende Beitrag, die Prämie, ist bei den Erwerbsgesellschaften fest und die Aktionäre tragen den Schaden, wenn die Prämien nicht ausreichen, oder die Versicherten decken den Verlust durch Nachschußprämien, wie bei den Gegenseitigkeitsgesellschaften; dagegen wird bei diesen auch der Gewinn unter die Mitglieder vertheilt, während dort die Aktionäre den Gewinn erhalten.

Wenn das Risiko, die Gefahr, gegen welche versichert wird, sehr beträchtlich ist, weil entweder der Gegenstand der Versicherung einen sehr hohen Werth hat oder leicht gleichzeitig mit anderen, von derselben Gesellschaft versicherten Werthen gefährdet werden kann, so nimmt die versichernde Gesellschaft auf die ganze Summe oder einen Theil derselben Rückversicherung, so daß dann ganz oder theilweise Deckung für die Gefahr bei einer anderen Gesellschaft vorhanden ist. Die Rückversicherung wird von den betreffenden Gesellschaften entweder als alleiniges oder als Nebengeschäft betrieben, und im letzteren Falle nehmen und geben die Versicherungsgesellschaften gegenseitige Rückversicherung.

Von den verschiedenen Versicherungsgeschäften ist zunächst die Feuerversicherung hervorzuheben. Dieselbe ist dem Gegenstande nach, entweder Immobilienversicherung, wenn sie Gebäude betrifft, oder Mobiliarversicherung, wenn sie auch andere verbrennbare Sachen versichert. Ins Leben gerufen sind dieselben entweder von Privatgesellschaften oder von Landes- bezw. Provinzialbehörden; im letzteren Falle heißen sie Landesbrandkassen oder Sozietäten. Das Feuerversicherungswesen hat seinen Anfang im 17. Jahrhundert in England genommen; Frankreich hatte bereits 1745 eine

Immobilienkasse in Paris, die erste Feuerversicherungsaktiengesellschaft entstand daselbst 1819; die älteste Feuerversicherung in New-York datirt aus dem Jahre 1787. Die erste deutsche Brandkasse ist die zu Anfang des 18. Jahrhunderts für die Mark Brandenburg gebildete Sozietät; 1821 wurde die „Feuerversicherungsbank für Deutschland in Gotha" errichtet und seitdem datirt der Aufschwung des deutschen Feuerversicherungswesens. Außer der, auf Gegenseitigkeit beruhenden Gothaer Bank gehören zu den bedeutendsten Feuerversicherungsaktiengesellschaften die Magdeburger, die Aachen-Münchener, die Kolonia, die Elberfelder, die Stettiner, die Gladbacher, die Leipziger, der deutsche Phönix, die Westdeutsche, die Schlesische, die Bairische, die Thuringia, die Providentia, die Berlinische und die Union, von denen jede mehr als eine Milliarde Werth versichert hat. Die Landesbrandkassen oder Sozietäten, welche sämmtlich auf Gegenseitigkeit beruhen, verdanken ihr Bestehen dem Bestreben der Staatsregierungen, den Brandbettel abzustellen und sich von den, bei Brandfällen allzu oft in Anspruch genommenen Bauholzbewilligungen zu befreien. Versicherungstechnisch ausgebildeter sind die Privatgesellschaften, welche die Gefahrenschätzung und die Gefahrenvertheilung mehr berücksichtigen. Die Sozietäten befassen sich vorwiegend mit der Immobilienversicherung. Im Jahre 1881 betrug bei den Privatgesellschaften in Deutschland

1. die Gesammtversicherungssumme	29 051 650 738	M.,
2. der erhobene Beitrag	45 881 297	"
3. der Brandschaden	43 344 961	"
4. der Geschäftskostenbetrag . .	4 594 382	"
5. das Vermögen	63 814 189	"

Die Prämie belief sich also im Durchschnitt auf 1,58 fürs Tausend der Versicherungssumme. An Umfang kommen die Sozietäten den Privatversicherungsgesellschaften ungefähr gleich.

Die Transportversicherung ist entweder Seeversicherung oder Fluß- und Landtransportversicherung. Die Seeversicherung ist älteren Datums (bereits im 14. Jahrhundert finden sich in Italien gesetzliche Bestimmungen über dieselbe) und für Handel und Schifffahrt unentbehrlich. Es wird gegen die Gefahr versichert, welche durch See- und

Sturm, Seeraub und große Haverie, d. i. den in Seenoth zur Verhütung größeren Unglücks dem Schiff oder der Ladung vorsätzlich zugefügten Schaden, entstanden ist. Den Gegenstand der Versicherung bildet das ausgerüstete Schiff, der Einkaufspreis der Ladung, die Frachtkosten bis zum Bestimmungshafen und das gegen Verpfändung von Schiff oder Ladung aufgenommene Darlehn (Bodmerei). Die Prämie richtet sich nach der Dauer der Reise, der Gefahr der Tour, der Jahreszeit und der Seetüchtigkeit des Schiffes; über diese werden genaue Register (Lloydregister) geführt und bekannt gemacht. Unter Ristorno versteht man die Aufgabe der Versicherung wegen Aufgabe der Fahrt, unter Rückempfang des größten Theiles der Prämie. Die Flußtransportversicherung betrifft die Gefahren, welche Kahn oder Ladung auf Flüssen, Haffen oder Landseen befallen. Landtransportversicherung bezieht sich namentlich auf die Unfälle, von denen Personen, Reisegepäck oder Frachtgüter während der Eisenbahnfahrt betroffen werden. Einen wichtigen Zweig der Transportversicherung bildet die Valorenversicherung, nach welcher für den Schaden gehaftet wird, den Postsendungen, die in Papiergeld, Effekten, Wechseln, Checks u. dgl. bestehen, durch Raub oder Diebstahl leiden. Die Hagelversicherung, welche den Schaden vergütet, den Feldfrüchte durch Hagelschlag leiden, ist in ihrer Prosperität durch große räumliche Ausdehnung ihres Bezirks bedingt, damit sich die versicherte Gefahr möglichst ausgleicht. Bisher fehlt es der erforderlichen Wahrscheinlichkeitsberechnung noch an vielen Faktoren. In denjenigen Gegenden ferner, welche nur äußerst selten von Hagelschaden betroffen werden, ist die Neigung zur Versicherung nicht groß, in denjenigen Gegenden aber, welche oft von Hagel zu leiden haben, erstreckt sich das Hagelwetter häufig über ganze Distrikte, so daß in Folge dessen die Prämien hoch sein müssen und aus diesem Grunde die Versicherung gescheut wird. Diese eminent große Gefahr macht es erklärlich, daß Hagelversicherungsgesellschaften in den Policen, den Versicherungsurkunden, sich vorbehalten, unter Umständen nur theilweisen Ersatz zu leisten. Ebenso ist die Schadensermittelung mit nicht unerheblichen Schwierigkeiten verbunden. Die ersten Hagelversicherungsgesellschaften hatte England bereits im 18. Jahrhundert, später kamen sie auch in Deutschland auf. Im Jahre 1882 bestanden in Deutschland sechs Hagelversicherungsaktiengesellschaften mit einer Versicherungssumme von 924 831 468 M. und zehn Gegenseitigkeitsgesellschaften mit 882 625 101 M. Versicherungssumme.

Auch der Viehversicherung mangelt es noch in hohem Grade an den erforderlichen statistischen Unterlagen und auch hier ist der Schaden für größere Distrikte oft sehr intensiv. Hierin liegt der Grund, daß viele Viehversicherungsgesellschaften zu Grunde gegangen sind und daß sich dies Versicherungswesen noch nicht sonderlich ausgedehnt hat.

Neuen Datums ist die Glasversicherung, welche zum Bedürfniß geworden, seitdem in den Städten große Schaufenster mit Spiegelscheiben in Aufnahme gekommen sind, die bei ihrem erheblichen Werthe und der bedeutenden Gefahr, welcher sie ausgesetzt sind, einen passenden Gegenstand der Versicherung gebildet haben. Dies macht es erklärlich, daß die Glasversicherung bereits ziemliche Ausdehnung gewonnen hat.

Weniger Erfolg hat die Hypothekenversicherung gehabt, welche die prompte Zahlung der Zinsen, pünktliche Rückzahlung gekündigter Kapitalien und gegen den Ausfall von Kapitalien bei Zwangsversteigerungen garantirt. Gute Hypotheken und sichere Grundschuldbriefe bedürfen einer solchen Garantie nicht, bei weniger guten Hypotheken und bei unsicheren Grundschuldbriefen aber müssen die Prämien so hoch sein, wenn sie die erforderliche Garantie leisten sollen, daß der Kapitalist die Kosten scheut.

Auch die Lebensversicherung gehört hierher, da Gegenstand derselben die vermögensrechtliche Kraft des Menschenlebens ist. Die ersten Lebensversicherungsgesellschaften hatte England; in Nordamerika, wo sie heute in großer Anzahl vorhanden sind, finden wir sie erst seit dem Anfange dieses Jahrhunderts; in Frankreich entstanden 1653 die sogenannten Tontinen oder Erbklassenrenten. In Deutschland bildete die erste Lebensversicherung 1837 die Bank in Gotha, welche auf Gegenseitigkeit beruht, und fast gleichzeitig entstand eine Lebensversicherungsaktiengesellschaft in Lübeck. Es giebt Kapitalversicherung auf den Todes- und auf den Lebensfall, je nachdem das Kapital beim Tode des Versicherten oder beim Eintritt eines bestimmten Alters des Lebenden oder beim Eintritt eines bestimmten Ereignisses, wie Verheirathung oder Militärdienst, fällig wird. Die Prämie richtet sich nach dem Alter des Eintretenden und seinem Gesundheitszustande. Da die Todeswahrscheinlichkeit des Versicherten in den früheren Lebensjahren geringer, als in den späteren ist, die Prämien aber gleich hoch bleiben, so muß die Gesellschaft die überschüssigen Prämien aus den früheren Jahren zur Deckung der Mindereinnahmen in den folgenden Jahren als Prämienreserve zurücklegen und darf nicht die volle Prämieneinahme als Dividende vertheilen. Außerdem wird für den Fall von Epidemien ein Reservefonds geblidet. Ende 1883 betrug der Versicherungsbestand bei

38	deutschen Gesellschaften	2 497 966 625 M.,
104	englischen Gesellschaften	8 900 000 000 "
29	nordamerikanischen Gesellschaften	7 054 920 060 "

Die Zahl der Versicherten belief sich in Deutschland auf 675 331, in England auf 1 079 482, in Nordamerika auf 705 659. In Deutschland bestanden 18 Lebensversicherungsgesellschaften auf Gegenseitigkeit mit 1 282 608 472 M. Versicherungssumme und 10 Lebensversicherungs-Aktiengesellschaften mit 1 401 905 547 M. Versicherungssumme.

Sachregister.*)

*) Die mit einem * bezeichneten Worte sind die Namen von Erfindern.

Berichtigungen.

S. 69 Z. 22 von oben lies Savory statt Saowy.
„ 72 „ 11 „ „ „ Kupolöfen statt Kugelöfen.
„ 112 „ 11 „ „ „ mittelbare „ mittlere.

Seite 34 und 35 soll „Deutschland" voran stehen und dann sollen, mit Amerika V.-St. beginnend, die übrigen Staaten nach dem Alphabet folgen.

Druck von Wilhelm Dupont, Konitz Wpr.

FSC
www.fsc.org
MIX
Papier | Fördert gute Waldnutzung
FSC® C083411

Kolibri 360 GmbH
Ferdinand-Jühlke-Straße 7
99095 Erfurt, Deutschland
produktsicherheit@kolibri360.de